Schuldgefühle – wohl jede berufstätige Mutter hat sie. Frauen fühlen sich als schlechte Mütter, wenn sie ihre Kinder nicht rund um die Uhr selbst betreuen. Dies, so drohen Experten, verursache Fehlentwicklungen und Persönlichkeitsstörungen. Der Mythos, daß eine gute Mutter zu ihrem Kind gehöre, diszipliniert alle Mütter und beordert sie, vor allem wenn Arbeitsplätze knapp werden, zurück in die Küche.

Regine Schneider räumt umfassend und gründlich mit diesem Muttermythos auf und weist nach, daß Kinder zufriedene Mütter brauchen, die eigene Interessen haben. Kinder benötigen verschiedene Bezugspersonen, den Kontakt zu anderen Kindern und ihren eigenen Freiraum.

Das Fazit der Autorin: Kinder berufstätiger Mütter sind selbstbewußter, selbständiger und verantwortungsvoller als Kinder von Vollzeitmüttern.

Regine Schneider wurde 1952 in Bochum geboren. Nach dem Studium der Pädagogik, Soziologie und Publizistik arbeitete sie sechs Jahre als Redakteurin einer Tageszeitung. Danach wechselte sie zu einer großen Frauenzeitschrift. Seit der Geburt ihrer Tochter lebt Regine Schneider als freie Autorin und Journalistin in Hamburg. Sie veröffentlichte zahlreiche Sachbücher im Fischer Taschenbuch und im Wolfgang Krüger Verlag. Aktuellste Publikationen: ›Gefühle lügen nicht. Die Intelligenz der Emotionen‹ (Bd. 14268), ›Wir haben noch viel vor. Frauen um die Fünfzig‹ (Bd. 14705), ›Entdecken, was wirklich zählt. Das Konzept der Neuen Bescheidenheit‹ (Bd. 14920) und ›Nimm die Männer wie sie sind – es gibt keine anderen. Partnersuche in der Lebensmitte‹.

Unsere Adresse im Internet: www.fischer-tb.de

Regine Schneider

Gute Mütter arbeiten

Ein Plädoyer für berufstätige Frauen

Fischer Taschenbuch Verlag

Limitierte Sonderausgabe
Veröffentlicht im Fischer Taschenbuch Verlag GmbH,
Frankfurt am Main, Mai 2001

Lizenzausgabe mit Genehmigung des
Wolfgang Krüger Verlages, Frankfurt am Main

Druck und Bindung: Clausen & Bosse, Leck
Printed in Germany
ISBN 3-596-50470-8

Inhalt

Auch ich hatte Schuldgefühle 7
Die gute Mutter – eine Erfindung unserer Zeit . . 21
Eine andere Betrachtungsweise 29
Die biologische Mutter-Kind-Bindung, ein Mythos 33
Der Muttermythos und noch mehr Mythen 38
Mythos glückliche Kindheit 39
Mythos glückliche Familie 40
Superfrauen 41
Mythos der Geburt 45
Babys, ein Thema für sich 52
Kinder sind robust 54
Glückliche Mütter – glückliche Kinder 64
Was Kinder brauchen 67
Europas Mütter wollen berufstätig sein 94
Warum sind Frauen berufstätig? 106
Prima Kinder von berufstätigen Müttern 112
Statistik 118
Kindertagesstätten – viel besser als ihr Ruf 123
Andere Länder und Zahlen 141
Auswirkungen kinderfeindlicher Politik 145

Wichtige Adressen 167
Anmerkungen 171
Literatur zum Thema 175

Auch ich hatte Schuldgefühle

Als meine Tochter Selma ein halbes Jahr alt war, wollte und mußte ich wieder arbeiten. Trotz des ganzen ideologischen Ballasts, den ich mir in der Schwangerschaft angelesen hatte, muß ich sagen, ich wollte gern wieder arbeiten. Ich mag meinen Beruf, und es war nach der neuen Erfahrung mit Kind für mich ein Terrain, wo ich mich auskannte und sicher fühlte. Meine Tochter hatte mein Leben und meine Beziehung ziemlich umgekrempelt, und alles war irgendwie aus der Bahn geworfen. Aber aus diversen Büchern, Zeitschriften für Eltern und Gesprächen mit anderen Müttern wußte ich, daß man die Anwesenheit der Mutter für eine positive Entwicklung des Kindes für unverzichtbar hielt. Ich hatte gelesen, wie schnell ein Baby sein Urvertrauen verlieren kann, wenn man es »vernachlässigt«. Und da ich einen glücklichen Menschen mit großem Selbstvertrauen heranziehen wollte, war ich fest entschlossen, mich an alles zu halten, was Psychologie und Pädagogik für unerläßlich für eine glückliche Kindheit vorschrieben. Offensichtlich war dabei das wichtigste die ständige Anwesenheit der Mutter. Ich hatte die Ratgeber auch dahingehend ausgelegt, daß ich mich darauf drillte, bei jedem Pieps, den meine Tochter von sich gab, aufzuspringen, um ihre Bedürfnisse ohne zeitlichen Aufschub zu befriedigen. Ich hatte gelesen, daß es unverzichtbar für eine gesunde Entwicklung sei, daß man Babys nicht schreien läßt. Mit der Zeit führte mein Verhalten dazu, daß ich völlig ausgelaugt und fertig war. Meine Tochter meldete sich nämlich ständig, und ich sprang rund um die Uhr hektisch herum, um sie zu säugen, zu wickeln, stundenlang umherzutragen, ihr Liedchen vorzusingen, sie aufzumuntern oder an mich zu drücken. Ich fühlte mich bald wie ausgewrungen, wagte aber nicht, mich zu beklagen oder meine Tochter einmal jemand anderem anzuvertrauen, um mich endlich auch wieder um mich selbst zu kümmern. Ich gab und gab und wurde immer erschöpfter. Ich sehnte mich nach meinem Beruf, der mir wie eine Erholung von dem Baby-Dauerstreß erschien.

Zu allem, was ich mir an »Wissen« über die gesunde Entwicklung des Kindes angeeignet hatte, paßte es natürlich überhaupt nicht, mein Kind mit sechs Monaten in fremde Hände zu geben. Da mein Mann aber gerade erst mit dem Studium fertig war und die Familie noch nicht ernähren konnte, blieb mir nichts anderes übrig. Entsprechend verunsichert und mit drückendem Gewissen, fing ich an, eine Tagesmutter zu suchen. Und bekam auch gleich die Quittung. Ungläubig wurde ich gefragt: »Wie, so früh gibst du Selma weg? Hast du kein schlechtes Gefühl dabei?« Natürlich hatte ich ein schlechtes Gefühl dabei. Dafür wurde ja aus allen Ecken kräftig gesorgt. Keiner, der mich mal beruhigt und gesagt hätte: »Wenn du dein Kind zeitweise zu einer vertrauenswürdigen Tagesmutter gibst, kann das eine Bereicherung für dein Kind sein.« Nein, nur die möglichen Entwicklungsschäden, die meine Abwesenheit provozieren würde, wurden ständig wie Teufel an die Wand gemalt. Beim Mütteryoga wurde ich sogar angegiftet: »Drei Jahre gehört die Mutter

wenigstens zum Kind, so etwas überlegt man sich vorher!« Ich fühlte mich bald wie ein geprügelter Hund. Entsprechend ängstlich war ich, was die Beurteilung der wenigen in Frage kommenden Tagesmütter anging. Gott sei Dank hatte meine Tochter ein sicheres Feeling, sie hat sich ihre Tagesmutter sozusagen selbst ausgesucht. Ich bemerkte gleich bei unserem ersten Treffen, wie vertrauensvoll sich die Kleine verhielt. Wir hatten diese Tagesmutter dann sechs Jahre lang.
Selma wurde größer, und irgendwann fing sie an, mein schlechtes Gewissen nach Strich und Faden auszunutzen. Saß ich am Schreibtisch und arbeitete, hörte ich garantiert nach einer halben Stunde ein zartes Klopfen an meiner Tür. Wenn ich sie dann fragte: »Warum spielst du nicht mit Papa?« bekam ich vorwurfsvoll zur Antwort: »Immer mußt du arbeiten. Ich will aber so gerne bei dir sein.« Wer schickt da sein Kind wieder weg? Sie kam auch in eine Phase, da weinte sie morgens und fragte: »Warum muß ich immer zu einer Tagesmutter?« Ich kam mir vor wie die letzte Rabenmutter. Mein armes Kind! Heute kann ich solche Dinge besser einordnen, ohne sie gleich dahingehend zu interpretieren, daß mein Kind Defizite durch meine zeitweilige Abwesenheit bekommt. Auch Kinder von Vollzeitmüttern beschweren sich irgendwann, daß sie täglich in den Kindergarten oder zur Schule müssen. Mein schlechtes Gewissen kennt fast jede Mutter, die früher oder später wieder berufstätig geworden ist. Das Sich-schuldig-Fühlen hört nie auf. Egal, wie das Kind sich verhält, egal, wie es sich entwikkelt, immer wieder wurde und werde ich gefragt: »Liegt es wohl daran, daß es so früh zu einer Tagesmutter kam?« Einmal sagte eine Nachbarin, als Selma übermä-

ßig stark trotzte: »Wahrscheinlich läßt die Tagesmutter zuviel durchgehen.« Meine Nachbarin hat meine Tagesmutter noch nie gesehen. Aber unausgesprochen stand der Vorwurf dahinter: Das passiert, wenn man sein Kind fremden Leuten überläßt. Daß jedes Kind, egal ob bei der Mutter, in der Kinderkrippe oder bei der Tagesmutter groß geworden, seine Trotzphase durchmachen muß, wird dabei völlig vergessen. Wenn ein Kind sich »schlecht« benimmt, jammert, nörgelt, weint, wird das immer der Mutter angelastet. Man ignoriert, daß jedes Kind mit einer eigenen Persönlichkeit zur Welt kommt und daß das menschliche Leben, auch das kindliche, nun einmal nicht nur harmonisch und glücklich verläuft. Doch kaum tut ein Kind etwas, was als »negativ« bewertet wird, ist die Mutter schuld. Unausgesprochen oder auch laut geäußert, steht immer der Vorwurf im Raum: Du bist eine schlechte Mutter, weil du dein Kind nicht selbst aufziehst, sondern es in fremde Hände gibst.

Ich habe mir das schlechte Gewissen lange einreden lassen. Weil ich es nicht besser wußte, weil ich den diversen »Psychoratgebern«, meinen Bekannten, von denen viele alles besser wußten (vor allem, wenn sie kein Kind hatten), und meinen Nachbarinnen geglaubt habe. Weil ich dem Muttermythos aufgesessen bin, der besagt: Eine gute Mutter hat rund um die Uhr für ihr Kind dazusein, hat sich klaglos aufzuopfern und ihre eigenen Interessen hintanzustellen. Ihr einziger Lohn ist das sich gut entwickelnde Kind. Und damit ist die Mutter zufrieden. Daß dieser Muttermythos dazu führt, daß alle Mütter ständig Schuldgefühle produzieren müssen, ist mir erst nach und nach klargeworden.

Heute sehe ich das alles anders. Ich sehe die positiven

Seiten daran, daß Selma früh mehrere Bezugspersonen hatte. Ich bin froh, daß sie frühzeitig die Bekanntschaft anderer Kinder gemacht hat – und das nicht nur bei der Tagesmutter, wo es insgesamt vier waren. Als Selma drei war, ging sie zusätzlich halbe Tage in den Kindergarten, wo sie noch mehr Kinder kennenlernte. Sehr gut kann ich mich auch noch an die Diskussion erinnern: Krippe oder Tagesmutter. Die Krippe wäre finanziell günstiger gewesen. Aber eine Tagesmutter galt gemeinhin als das »kleinere Übel«. Ich hatte eine Freundin, die konnte sich keine Tagesmutter leisten. Ich beobachtete ihren Sohn mit Argusaugen, und er tat mir von Herzen leid. Meine Freundin im übrigen auch, denn natürlich hatte sie ein noch schlechteres Gewissen als ich. Einen Säugling in die Krippe zu geben hatte und hat den Beigeschmack von »abgeschoben« und »in ein Heim« gegeben. Die Assoziationen »soziale Deprivation«, »Fehlverhalten«, »psychische Schäden« stellten sich sofort ein.

Lange beneidete ich die Frauen, die es sich »leisten« konnten, sich das »Vergnügen« zu gönnen, sich ohne finanzielle Sorgen ausschließlich um ihre Kinder zu kümmern. Ich habe oft damit gehadert, daß ich das nicht konnte.

Meine Freundin und ich haben damals nicht gewußt, daß Kinder sich schon sehr früh gern – das ist wissenschaftlich belegt – anderen Personen zuwenden. Mit 18 Lebensmonaten haben bereits ein Viertel aller Kinder – sofern ihnen die Möglichkeit geboten wird – fünf oder mehr wichtige Bezugspersonen. Denn auch Babys sind schon soziale Wesen, das wird nur häufig unterschätzt. Der Pädagogikprofessor Dr. Peter Erath, der an der Katholischen Universität in Eichstätt lehrt, sagt: »Es bereitet schon Babys Vergnügen, mit anderen Menschen zusammenzusein.«[1] Kleinkinder finden sich durchaus in ihrer Kinderkrippe zurecht. Schließlich verfügen Kinder »über eine außerordentliche Anpassungsfähigkeit und Vitalität – und natürlich ebenso über eine große Portion Neugierde auf das Leben.«[2]

Heute bin ich nicht mehr neidisch. Weder Selma noch der Sohn meiner Freundin haben sich »fehlentwickelt«. Im Gegenteil! Ich bin durch eigene Erfahrung und Beobachtung zu dem Ergebnis gelangt, daß ich meiner Tochter etwas Gutes getan habe. Heute bin ich überzeugt, Kinder brauchen früh andere Kinder. Und Erwachsene brauchen den Kontakt mit Erwachsenen. Wenn ein Erwachsener sich ausschließlich um ein Kind kümmert, kommen beide zu kurz.

Bei uns aber ist es so, daß eine Frau, sobald sie Mutter geworden ist, sich, wenn sie kann, völlig aus ihrem gewohnten Leben zurückzieht und sich ihre gesamten Aktivitäten plötzlich nur noch um ihren neuen Mittelpunkt, das Baby, drehen. Das Baby wird der Nabel der Welt, das Projekt der Mutter, die einzige Daseinsberechtigung für ihr ausschließlich häusliches Leben. Die Mutter hat bald keine sozialen Kontake mehr, außer zu Müttern, deren Leben sich ebenfalls ausschließlich um ein Baby dreht. Dabei wird der Mutter eingebleut, daß dieses Leben sie glücklich macht, ihre Erfüllung sei. So krabbeln vormals intelligente Menschen mit einer qualifizierten Berufsausbildung plötzlich den lieben langen Tag brabbelnd und »dada« rufend über den Teppich, von morgens bis abends milchbespuckt, spielen sie mit ihren Säuglingen, die sich natürlich von frühestem Alter an anspruchsvoll melden, wenn die Mama es einmal wagt, vielleicht ne-

benbei schnell zu spülen oder das Wohnzimmer zu saugen.
Die Mutter bekommt Schweißausbrüche, weil der Säugling kreischt, wenn sie nicht sofort bei ihm ist und ihn wieder hochnimmt. Sie tut es aber, weil sie gelernt hat, ich muß die Bedürfnisse meines Säuglings sofort und perfekt befriedigen. Die meisten Säuglinge haben schnell heraus, wie sie ihre Mutter dirigieren und drangsalieren können. Sie beschließen, ich schlafe nur auf Mamas Arm ein, und daran halten sie sich konsequent. Meine Tochter wurde beispielsweise stundenlang von mir durch die Wohnung geschleppt, und kaum legte ich sie sanft und vorsichtig, um sie nicht wieder zu wecken, in ihr Bettchen, machte sie ihrem Unmut laut Luft. Da ich sie ständig aufgeschreckt wieder hochnahm, lernte sie überhaupt nicht, in ihrem Bett zu schlafen. Und ich wanderte oft drei, vier Stunden am Stück durch die Wohnung, auch nachts. Ich konnte mich tagsüber weder anziehen noch meinen Haushalt versorgen. Anfangs nahm ich Selma sogar mit aufs Klo.
Heute meine ich, das kann weder für die Mutter noch für das Kind gesund sein. Mütter sind in der Regel nach einer gewissen Zeit am Boden zerstört, und wen wundert das? Immer mehr Mütter haben nach einer Babypause die Nase voll und wollen zurück in den Beruf. Nicht umsonst nennt man die erste Zeit nach der Geburt des ersten Babys »Babykrise« oder »Babyschock«. Aber dem steht das unsinnige, doch hartnäckige Gebot entgegen, daß Mütter zu ihren Kindern gehören.
Natürlich müssen kindliche Bedürfnisse befriedigt werden, sollen Säuglinge und Kinder liebevoll und fürsorglich großgezogen werden. Nur praktizieren wir zur Zeit

ein Extrem. Das Extrem der Kleinstfamilie, in der eine einzige erwachsene Person – die Mutter – ausschließlich auf einen einzigen Säugling fixiert ist, und das möglichst im Reihenhaus am Rande der Stadt ohne oder mit zuwenig Kontakten zu anderen Erwachsenen. Das Kind ist über die Maßen verwöhnt und unselbständig, die Mutter bleibt bei diesem System völlig auf der Strecke. Nur die wenigsten empfinden tatsächlich das große Glück, die tiefe Befriedigung, die sie angeblich von Natur aus empfinden sollten, sobald sie ihr Baby im Arm halten.

Dieses Extrem rührt zum einen daher, daß Experten Untersuchungen verallgemeinert haben, die unter speziellen Bedingungen gemacht wurden. So wurden Beobachtungen an Kriegswaisen übertragen auf Kinder, deren Mütter berufstätig waren. Es wurde völlig außer acht gelassen, daß auch eine berufstätige Mutter ihrem Kind viel Zeit widmet, daß eine berufstätige Mutter vom späten Nachmittag bis morgens anwesend ist und viele Kinder nachts an ihre Mütter gekuschelt schlafen und dadurch viel von der angeblich fehlenden Nestwärme bekommen. Ein wichtiger Aspekt ist auch der, daß sich Beständigkeit nicht nur durch die Menge der Zeit, die jemand mit dem Kind verbringt, beweist, sondern vor allem durch die Qualität der gemeinsam verbrachten Zeit.

Es wurde bis vor kurzem weder danach gefragt, wie sich mütterliche Unzufriedenheit mit ihrem häuslichen Dasein auf die Kinder auswirkt, noch habe ich eine Untersuchung darüber gefunden, welche Vorteile berufstätige Mütter für ihre Kinder haben. Untersuchungen wurden unter der Prämisse durchgeführt, eine berufstätige Mutter ist schlecht, eine Vollzeitmutter ist gut für ihr Kind. Und man ging wie selbstverständlich davon aus, eine

Vollzeitmutter ist eine glückliche und zufriedene Frau, weil sie den ganzen Tag bei ihrem Kind bleiben darf. Eine berufstätige Mutter ist entweder egozentrisch oder aber unglücklich, weil sie arbeiten muß. Daß es Mutter und Kind fördert und zufriedenstellt, wenn die Mutter sich zumindest einen Teil ihres gewohnten Lebens in das Leben mit Kind hinüberrettet, stand nie zur Debatte. Auch daß es nichts Schöneres für ein Kind geben kann als eine Mutter, die sich von Herzen auf ihr Kind freut und sich beeilt, es abzuholen, hat nie jemand ausgesprochen. Mütter, die sagen, ich arbeite gern, und ich liebe mein Kind trotzdem über alles, gelten als Rabenmütter. Ich habe oft genug erlebt, daß hinter vorgehaltener Hand gezischelt wurde: »Wieso hat die überhaupt ein Kind in die Welt gesetzt, die ist doch nie da?«
Schädlich für die Entwicklung von Kindern sind sicherlich die gesellschaftlichen Bedingungen, unter denen Mütter mit ihren Kindern leben müssen. Abgesehen von dem Muttermythos, dem keine Mutter gerecht werden kann, gibt es zuwenig Kinderbetreuungsplätze, werden Tagesmütter viel zu schlecht bezahlt, sind die Arbeits- und die Kindergartenzeiten mutter- und kinderfeindlich. Dort, wo mit Fingern auf eine unglückliche Mutter gezeigt wird, müßte in Wirklichkeit auf die schlechten gesellschaftlichen Bedingungen verwiesen werden, die es Müttern oft unmöglich machen, Beruf und Kinder unkompliziert zu vereinbaren. Kinderfreundliche Arbeitszeiten, ausreichend Betreuungsplätze für Kinder und die Aufmunterung: »Du bist eine tolle Mutter, weil du Kind und Beruf hast und damit das Beste für alle Beteiligten tust«, wären sicher schon eine große Hilfe.
In der DDR war es übrigens – wie ich in Gesprächen mit

vielen Müttern dort erfahren habe – auch nicht besser. Zwar bekam jede Mutter einen Krippen- oder Kindergartenplatz, aber die Arbeitszeiten waren oft so, daß Mütter ihre verschlafenen, müden Kinder um fünf oder sechs Uhr in der Frühe aus den Bettchen zerren und in den Hort schleppen mußten. Immerhin waren die Kindergartenöffnungszeiten, anders als bei uns, den Arbeitszeiten angeglichen. Von einem Hort, der von 6-18 Uhr geöffnet ist, können die meisten Mütter hier nur träumen. Doch dessen ungeachtet sind solch frühe Anfangszeiten mütter- und kinderfeindlich. Damit fühlten sich die Mütter natürlich nicht wohl, und es ist anzunehmen, daß sich solche Kinder mit Grauen an die mütterliche Berufstätigkeit erinnern werden. Aber auch da liegt es nicht an der Berufstätigkeit, sondern an den schlechten Bedingungen.

Ein weiterer sehr wichtiger Faktor ist das Kinderbild, das in einer Gesellschaft vorherrscht. Lange galt das Kind als ein hilfloses, unselbständiges, hochempfindliches Püppchen, das beim kleinsten Ansturm umkippt und deshalb gehegt, gepflegt und durch Erziehung nach unseren Vorstellungen geformt wird, von dem jedes Problem ferngehalten werden muß (was kein Mensch leisten kann) und das gefördert und gefordert werden muß, möglichst schon im Mutterleib, damit ein erfolgreicher, leistungsfähiger, gesunder und auch noch fröhlicher Erwachsener aus ihm wird. Dabei bringen Kinder schon ein gewisses Programm mit, das sie bei durchschnittlicher Förderung auch ausleben und weiterentwickeln können. Professor Dr. Peter Erath beschreibt die Folgen der erstgenannten Auffassung: »Ohne es zu merken, behandeln viele Eltern ihre Kinder fast wie viele Psychologen ihre Klienten. Sie glauben, Kinder seien rohe Eier, und erreichen so, daß

Kinder nicht früh genug lernen, Gefahren zu erkennen und sich darauf einzustellen. Als Erwachsene finden diese Kinder sich dem Leben nahezu ausgeliefert. Oft vergessen Eltern, daß Kinder Persönlichkeiten sind, kleine zwar, aber sie entwickeln sich ständig. Und dabei sollten Eltern ihnen ohne eine übertriebene Pädagogisierung helfen. Kinder sind schließlich auch nur Menschen…«[3]

Heute tendiert man zu der zweiten Auffassung, daß Kinder ein gewisses Programm, einen Charakter, bestimmte Talente und eine gewisse Widerstandsfähigkeit mitbringen, in einem durchschnittlichen Haushalt mit ausreichender Elternliebe genug gefördert werden und für ihre Entwicklung nicht die ständige Förderung, Beobachtung und ausschließliche Versorgung durch die Mutter brauchen. Man pendelt sich in der Mitte zwischen den Extremen ein.

Kindern wird wieder mehr zugetraut, und Mütter werden wieder lebensnäher. Das ist auch gut so. Es ist sicher besser für Kinder, frühzeitig zu lernen, daß zum Leben Zurückstehen, Wut, Trauer und Zorn gehören. Daß es natürlich ist, sich zu langweilen, unglücklich zu sein, Probleme zu haben, Bedürfnisse aufzuschieben. Kinder, die lernen, daß die unterschiedlichsten Situationen und Gefühle zum Leben gehören, werden als Erwachsene sicher besser zurechtkommen als Kinder, von denen immer alles ferngehalten wird, deren Bedürfnisse ständig und sofort befriedigt werden, denen keine Grenzen gesetzt werden. Ich würde meine Tochter Selma nach meinen heutigen Erfahrungen durchaus noch früher zu einer Tagesmutter bringen. Die kleine Anna kam zu unserer Tagesmutter, als sie acht Wochen alt war, und ich werde

nicht vergessen, wie neugierig und zufrieden sie schon als Säugling in ihrer Wippe lag und die Spiele der übrigen Kinder verfolgt hat. Damit hat ihre Mutter ihr sicher einen größeren Gefallen getan, als selbst lallend und schmatzend auf dem Teppich herumzukriechen. Ich persönlich halte die Kleinfamilie für schädlich und ungesund für Mütter und Kinder. Großfamilienverbände und mehrere Bezugspersonen könnten sicherlich ein realistischeres Bild der Welt vermitteln, als das eine einzige Mutter für ihr einziges Kind kann. Aber da wir keine Großfamilien mehr haben, würde ich heute bei einem zweiten Kind ohne schlechtes Gewissen und sehr bald dafür sorgen, daß mein Kind auf andere Weise, durch Tagesmutter oder auch Kinderkrippe, Bedingungen erhält, die seine sozialen Bedürfnisse befriedigen.
Übrigens ist das kein Plädoyer gegen Vollzeitmütter. Es gibt bestimmt Mütter, die in ihrer Aufgabe aufgehen. Doch mit schlechtem Gewissen zu kämpfen haben auch sie. Denn jede »Fehlentwicklung« des Kindes wird ihnen ja in die Schuhe geschoben. Nur dann ist es nicht ihre Berufstätigkeit, sondern ihre Nachlässigkeit als Mutter, »obwohl« sie den ganzen Tag doch nichts anderes tut, als sich um Haus und Kinder zu kümmern.
Aber die vielen Frauen, die zurück in den Beruf wollen, und auch zahlreiche in diesem Buch zitierte Untersuchungen zeigen, daß sich die meisten Frauen außer als Mutter auch als Person verwirklichen wollen. Was sie aber aufgrund falscher Informationen und Vorstellungen über die Bedürfnisse ihrer Kinder mit einem ständigen schlechten Gewissen bezahlen. Und das ist nicht notwendig. Wogegen ich mich wende, ist, daß die Gesellschaft der Mutter die ganze Last des Gelingens oder

Nichtgelingens der Kindererziehung aufbürdet, und zwar in einem Maße, das Mütter zu Marionetten ihrer Kinder macht und ihnen keine Zeit mehr für sich läßt. Und daß die Gesellschaft vor allem bei »Nichtgelingen« – was immer das heißen soll – schnell den Schuldigen findet. Psychologie und Pädagogik tragen nicht wenig dazu bei, die ganze Verantwortung für das »gelungene Produkt Kind« den Müttern anzulasten. Der Pädagoge Dr. Peter Erath: »Die Romantisierung und Idealisierung der Mütter hält sich bis heute und erlegt den Frauen eine schwere Bürde auf.«[4]

Ich schließe mich dem an, was die von mir interviewte Kindertherapeutin Dr. Veronika Windsor-Oettel sagte: »Schädlich für die Entwicklung des Kindes sind sowohl Mütter, die arbeiten, obwohl sie lieber zu Hause blieben, als auch Mütter, die zu Hause hocken, weil sie denken, sie müßten das für ihr Kind tun, obwohl sie viel lieber berufstätig wären. Am besten für ein Kind ist eine zufriedene Mutter, die sich auf das Zusammensein mit ihrem Kind freut.« Das bestätigen alle von mir interviewten erwachsenen Kinder berufstätiger Mütter. Selbst aus den Kindern, die mit Schlüssel um den Hals den Nachmittag auf der Straße zugebracht haben, sind heute in die Gesellschaft integrierte, erfolgreiche, gesunde und lebenstüchtige Erwachsene geworden. Prima Kinder – trotz berufstätiger Mütter.

Aus diesen Interviews und denen, die ich mit Experten machte, aus dem, was ich an Untersuchungen gefunden und aus anderen Büchern zusammengetragen habe, ist ein – wie ich finde – ausgesprochen entlastendes Buch für berufstätige Mütter geworden. Weil ich aufzeigen konnte, daß vieles, was uns Müttern (Frauen) erzählt wird, was in unseren Köpfen verankert wurde, mit der Realität nicht übereinstimmt. Mein eigenes schlechtes Gewissen ist mit dem Wachsen dieses Buches immer geringer geworden. Ich bin mir selbst auf die Schliche gekommen. Und es bewahrheitet sich wieder einmal, je mehr ich meine Tochter loslassen kann, desto gelöster wird auch sie. Zufrieden sind wir damit beide.

Die gute Mutter – eine Erfindung unserer Zeit

Das jeweilige Mutterbild ist abhängig von den unterschiedlichsten Faktoren. Auf jeden Fall ist es aber immer ein Spiegel der Gesellschaft. Die Vorstellung davon, was eine gute Mutter ist, auch. *Die* gute Mutter gibt es nicht. Was darunter verstanden wird, ändert sich ständig und paßt sich dem allgemeinen Wandel an. Das Mutterbild hat im Laufe der Geschichte oft neue Formen bekommen. Jede Epoche hatte ihre eigenen. Kindererziehung im heutigen Sinne von: das Kind formen, fördern, bilden und beeinflussen, gab es früher gar nicht. Kinder wurden nicht erzogen, sondern sie wurden irgendwie von allein groß. Im besten Fall überließ man sie sich selbst.

Ganz kleine Kinder wurden früher stundenlang in speziellen kleinen Stühlen angeschnallt oder mit Opiaten ruhiggestellt, damit die Mütter nicht ständig darauf achten mußten, ob ihnen etwas passierte. Auf die Idee, daß das für Kinder eine Qual und Beschränkung ihrer Entfaltung sein könnte, kam man damals nicht. Und daß Mütter eine unersetzliche, spezielle und ausschlaggebende Rolle im Leben ihrer Kinder spielen, diese Idee entwikkelte sich erst im 20. Jahrhundert.

Das Mutterbild einer Epoche ist davon abhängig, wie das Frauenbild in der Zeit ist, welche Rolle Frauen in den Gesellschaften spielen, ob sie als unersetzliche Arbeitskräfte auf dem Markt gefragt sind oder ob sie andere gesellschaftliche Aufgaben zugesprochen bekommen. Ob Mutterschaft als wichtige Rolle beim Heranziehen von willigen Untertanen gefragt ist oder beim Züchten einer geistigen Elite.

Die Verantwortlichkeit von Müttern richtet sich danach, welche Bedeutung man Kindern zuspricht. Das Mutterbild ist auch immer davon abhängig, welche Bedeutung man mit Kindheit verbindet, welches Kinderbild vorherrscht, ob man die Vorstellung hat, ein Kind sei hilf- und schutzlos und bedürfe elterlicher Liebe und Fürsorge, um zu gedeihen, oder ein Kind sei von Natur aus schlecht und brauche Zucht und Ordnung. Noch im 17. Jahrhundert beispielweise hielt man Kinder für unrein und unterzog sie grausamen Abführ-Prozeduren, um sie zu reinigen. Man fesselte sie mit Bein- und Handschellen, stach sie mit spitzen Gegenständen oder sperrte sie im Dunkeln ein, um ihren Willen zu brechen. Kinder mußten oft stundenlang in dunklen Toiletten oder Kellergewölben ausharren und büßen.

Sandra Scarr, Mutter von vier Kindern und Professorin für Entwicklungspsychologie an der Universität von Virginia, USA, kommt zu dem Ergebnis: »Zwei Grundfragen sind mit allen Diskussionen über Kinder und Kindererziehung verknüpft: – Ist die kindliche Natur grundsätzlich gut oder böse? – Brauchen Kinder eine sorgfältige und intensive Erziehung, oder ist ihre Entwicklung im wesentlichen von der Natur festgelegt?«[1]

Im Mittelalter wurden Kinder als unfertige, unterentwickelte Erwachsene angesehen, die geformt werden mußten. Das Kind war sozusagen ein noch mangelhafter Erwachsener. Kindheit wurde als vorübergehender Zustand angesehen, der keine Bedeutung für das Erwachsenenleben hatte. Man sprach Kindern sogar jegliches Seelenleben ab. Kinderspiele galten als Laster, und Laster wurden nicht geduldet. Entbehrungen, Schläge, Zucht und Ordnung gehörten für Kinder zum Alltag. Kinder liefen so nebenher mit. Sobald sie die Kleinkindphase hinter sich hatten, wurden sie bei der Arbeit mit eingespannt.

Die reichen Familien zogen ihre kleinen Jungen und Mädchen an wie Erwachsene. Minianzüge wie Vater oder unpraktische, lange, weite Kleider en miniature wie Mama waren die normale Kleidung für kleine Kinder. In der Oberschicht verbrachten Kinder den Tag damit zu beobachten, wie Erwachsene, also Eltern, Hauslehrer und Dienstboten, sich verhielten. Häufig wurden Kinder aber auch zu Ammen und später zu Gouvernanten gegeben. Puppen und Puppenstuben gab es schon, sie dienten aber nicht dem Spiel, sondern waren Anschauungsunterricht für das Leben. Puppenstuben waren detailgetreu nachgebildet, und kleine Mädchen konnten proben, wie die Hausfrau sich in der Küche verhält und wie ein großer Haushalt zu organisieren ist. Puppen waren in dieser Zeit entweder Stoffetzen oder kleinen Erwachsenen ähnlich und entsprechend angezogen. Es gibt Bilder, da tragen Puppe, Mädchen und Mutter die gleichen Kleider.

Die Gleichgültigkeit gegenüber Kindern ist damit zu erklären, daß sie nicht unersetzlich waren. Ständig konnte man Kinder bekommen. Und die meisten Menschen bekamen mehr, als ihnen lieb war. Zwar wurde zu allen Zeiten abgetrieben, aber das war immer ein gesundheitliches Risiko. Oft standen dem auch moralische Gebote im Wege.

Gleichgültigkeit herrschte auch, weil Kinder keine wirtschaftliche Bedeutung hatten. Früher dachte man nicht an die Zukunft, so wie man das heute tut. Man maß den Wert der »Sache« Kind nur an der Gegenwart.
Auch im 18. Jahrhundert ging es Kindern nicht viel besser. »Bei der bis zum Ende des 18. Jahrhunderts sehr hohen Kindersterblichkeit wäre die Mutter, falls sie sich stark an jeden ihrer Säuglinge gebunden hätte, sicher vor Kummer gestorben.«[2] Jedoch gab es mit Fortschreiten der Medizin zu Beginn des 18. Jahrhunderts wegen der hohen Kindersterblichkeit erste Anweisungen, wie Mütter sich Kindern gegenüber zu verhalten hatten. Mediziner rieten Müttern, die Kinder vernünftig und regelmäßig zu ernähren, sie warm und sauber zu halten. Aufgeklärte Ärzte fingen an, darüber nachzudenken, ob Mütter ihre Kinder lieben und wie sie das tun. Die hohe Kindersterblichkeit ging langsam zurück. Damit war aber verbunden, daß der Aufwand an Kinderbetreuung sich erhöhte. Die »Wartung« und Pflege von Kindern wurde als mühsam angesehen, und damit entwickelte sich die Idee, nur eine Mutter sei in der Lage, diese Mühen willig und gern zu erfüllen. Mutterliebe wurde fortan als natürlicher Instinkt vorausgesetzt und deshalb das Handeln, das Müttern nun abverlangt wurde, als von der Natur bestimmt vorgegeben.
Rousseau befand im 18. Jahrhundert, daß Kinder eine Seele haben. Der Philosoph konnte sich aber nicht auf breiter Ebene mit seiner Meinung durchsetzen. Und er meinte mit Kindern ausschließlich Jungen. Mädchen zählten nicht. Gebildete Eltern der Oberschicht richteten immerhin gegen Ende des 18. Jahrhunderts schon Kinderzimmer ein. Es entwickelte sich eine Spielzeugindu-

strie, und es gab immer mehr Eltern, die ihre Kinder behutsamer und liberaler behandelten als Eltern im brutalen Mittelalter.
Richtig aufgehört in allen Schichten haben »Zähmung«, »Drill« und damit Mißhandlung von Kindern erst mit der Reformpädagogik am Anfang dieses Jahrhunderts. »Sie setzte statt Zähmung und Unterwerfung des Kindes seine Eigengesetzlichkeit in den Mittelpunkt. Es solle zu sich selbst geführt werden, damit es sich verwirklichen könne.«[3] Mit der Reformpädagogik und dem Wandel des Kinderbildes wurde die Grundlage für den heutigen Muttermythos geschaffen. Es wurde zur Selbstverständlichkeit, daß es die Mütter waren, die nun ständig für ihre Kinder dazusein hatten, die sensibel auf die zerbrechlichen, anfälligen Wesen eingingen und denen eingeredet wurde, daß sie ihre Hingabe an das Kind als persönliche Bereicherung zu empfinden hätten. »Die Mutter gibt ohne Gedanken an sich selbst und ohne Aussicht auf Dank. Findet sie doch Dank, ist das ihr größtes Geschenk. Mehr hat sie nicht zu erwarten. Doch das Wenige soll sie schon beflügeln, noch mehr zu geben.«[4]
Das Dritte Reich trieb es mit dem Muttermythos auf die Spitze. Frauen wurden als geborene Erzieherinnen gefeiert und öffentlich ausgezeichnet. Es hieß: Mütter allein wissen instinktiv, was Kinder brauchen. Eine Mutter liebt ihr Kind qua Natur und opfert sich klaglos auf. Das Lächeln des Kindes ist ihr Lohn und stellt sie vollständig zufrieden. Mehr braucht die Mutter nicht. Im und nach dem 2. Weltkrieg häuften sich Untersuchungen, die zum Ergebnis hatten, daß Kinder ohne die sich selbst völlig zurückstellende, fürsorgende, klaglose Mutterliebe unglücklich, verhaltensauffällig und kriminell würden. Als

die Trümmerfrauen an den Herd zurückkehren sollten, wurden Untersuchungen, die an Kriegswaisen vorgenommen worden waren, auf berufstätige Mütter übertragen. Die Generation der Nachkriegsmütter blieb zu Hause. Männer der folgenden Wirtschaftswunderzeiten sagten: »Meine Frau hat es nicht nötig zu arbeiten.« Berufstätige Mütter gab es selten. Und wenn, dann wurden sie nur akzeptiert, wenn finanzielle Not keine andere Entscheidung zuließ: etwa eine Scheidung oder der Tod des Versorgers. Für die Generation unserer Mütter war es normal, daß eine »gute Mutter« zu Hause bleibt und zwei und mehr Kinder großzieht. Nicht nur in der Zeit des Dritten Reiches wurde der Muttermythos untermauert und manifestiert. Auch danach haben sich Psychologen und Kinderärzte bemüht, die biologische Mutter-Kind-Bindung zu beweisen und zu vertreten.

Sigmund Freud hat ein Kinderbild entworfen, das von der Mitte des 20. Jahrhunderts bis heute in den Köpfen von Müttern verwurzelt ist und von Alice Miller noch vertieft wurde. Ein Kinderbild, das dazu geführt hat, daß die Konzentration der Mütter auf ihre Kinder das »Maß des Natürlichen überschritten hat«.[5] Denn alle Mütter, die Freuds Gedanken anhingen, kreisten fortan nur noch um ihr Kind.

Freud machte die Kindererziehung allerdings zu einer fast unlösbaren Aufgabe. Er machte Eltern (Müttern) klar, wie wichtig die Psyche des Kindes ist und wie Mütter damit umzugehen haben. Mütter hatten die Aufgabe, jede Verletzung der Kinderseele abzuwenden. Sonst entstünde ein lebenslanges Trauma. Bis heute finden diese Vorstellungen vom Kind und die sich daraus ergebenden Forderungen an die Mütter Eingang in die Literatur.

Bei Freud und seinen Epigonen sind Mütter die zentralen Figuren im Leben des Kindes. Mangelnde und falsche Bemutterung seien die Ursachen aller Persönlichkeitsprobleme. Wegen mangelnden Urvertrauens könne das Kind weder sich selbst noch andere lieben oder ihnen vertrauen. Mütter, die ihre Kinder zu oft verlassen (z. B. um zu arbeiten), riskieren angeblich ein Kind mit unterentwickelter Persönlichkeit und oberflächlichem Gefühlsleben.
Ein Kind muß, so Freud, um sich gesund entwickeln zu können, Urvertrauen bilden. Das kann es nur, wenn seine Bedürfnisse erkannt und befriedigt werden. Das ist aber nicht einfach, denn jedes Quäntchen zuviel oder zuwenig ist schon schädlich. Zuviel oder zuwenig orale Befriedigung führe zu Störungen in der Persönlichkeitsentwicklung. Erzwingt die Mutter schließlich die Entwöhnung von der Brust, fühlt sich das Baby von der geliebten Person abgelehnt.
Auch die Sauberkeitserziehung hielt Freud für immens wichtig. Sowohl eine mangelnde als auch eine rigide Sauberkeitserziehung verursache Persönlichkeitsstörungen. Freud vertrat die Theorie, daß der Sohn bei falscher Ablösung von der Mutter den Ödipus-, die Tochter den Elektra-Komplex entwickele. Die Aufgabe der Mutter sei es, das alles zu verhindern, und sich trotz der Unwahrscheinlichkeit, daß sie es richtig mache, so zu verhalten, daß das Kind sich zu einer gesunden, ungestörten Persönlichkeit entfalte.
Was bis vor kurzem keinen Wissenschaftler interessierte, war, wie Mütter das schaffen sollten. Immerhin bekommen Mütter durch diese Theorie das Recht, ihre eigene »unzulängliche, unfähige« Mutter an den Pranger zu stellen und durch sie verursachte Defizite anzuklagen.

Der englische Kinderpsychiater John Bowlby erklärte die Mutter qua Biologie zur »Hauptbindungsfigur«. Bowlby brachte die These auf, daß ein Kind mindestens drei Jahre eng bei der Mutter bleiben müsse, und erklärte das mit hormonellen Einflüssen. Erst nach drei Jahren könne ein Kind damit zurechtkommen, wenn die Mutter zeitweilig abwesend sei, vorausgesetzt, das Kind wisse, wo sie sei, und daß sie jederzeit erreichbar sei. Bowlby glaubte, wenn ein Kind in den ersten drei Jahren keine enge, befriedigende Beziehung zur Mutter herstellen könne, könne es später auch keine Bindung zu anderen Personen eingehen.

Der gesellschaftliche Hintergrund: »Als 1953 Bowlbys Buch über Mutterliebe und kindliche Entwicklung erschien, wurden Frauen in den Munitionsfabriken, in der Landesverteidigung, den Streitkräften und in den existenzsichernden Produktionsstätten nicht mehr gebraucht. Sie mußten wieder an den heimischen Herd gebunden werden. Damit sie den Männern nicht länger die Arbeitsplätze wegnahmen.«[6]

Derart beeinflußt und vom verklärten Muttermythos geprägt, ist es kein Wunder, daß Frauen versuchen, unerfüllbaren Anforderungen gerecht zu werden. Idealisierung und Romantisierung von Mutterschaft halten sich hartnäckig, und heute noch sitzt fast jede Frau, die schwanger wird, ihr zunächst auf. Erst in der mehr oder weniger stark ausgeprägten Babykrise oder auch dem Babyschock, der ein halbes bis ein Jahr nach der Geburt des Kindes einsetzt, begreifen viele Mütter langsam, was da mit ihnen gemacht wird.

Aber nicht alle durchschauen das System. Viele bemühen sich auch, »Superfrauen« zu werden, alles richtig zu machen, es allen recht zu machen, alle schweren Bürden zu bewältigen, egal, wie unvereinbar sie miteinander sind, »gute Mütter« zu sein, und darüber hinaus auch alle anderen Erwartungen von Gesellschaft und Familie zu erfüllen. Viele brechen darüber zusammen.

Eine andere Betrachtungsweise

Die Soziologin Elisabeth Beck-Gernsheim[7] entwickelte eine andere Sichtweise der Aufgabe von Müttern durch die Jahrhunderte. Sie stellte vier entscheidende inhaltliche Phasen bei der Betrachtung dessen heraus, was für Kinder in den verschiedenen Jahrhunderten als wichtig erachtet wurde und was Mütter je nach Epoche an ihren Kindern zu leisten hatten. Meist wurde das ausgelöst und initiiert durch Frauen des Bürgertums. Die Themen hießen Bildung, Gesundheit, Psyche und Umwelt.
In der ersten Phase, im 18. Jahrhundert, als die Stände und gesellschaftlichen Positionen nicht mehr durch Geburt vererbt werden konnten, sondern der geschäftstüchtige, gebildete und intelligente Mann sie durch eigene Leistung erreichen konnte, wurde das Thema Bildung aktuell und bekam eine zentrale Bedeutung in der Kindererziehung. Roosevelt sagte einst vor einer Frauenversammlung: »Die gute Mutter – und man kann keine wirklich gute Mutter sein, wenn man nicht eine kluge Mutter ist – ist für die Gesellschaft wichtiger als selbst der fähigste Mann.«
Das neue Leitbild hieß: bewußte Kindererziehung. Frei nach Kant, daß der Mensch alles, was er werde, durch die Erziehung werde. Und Erziehung bedeutete in erster Li-

nie: Bildung und Ausbildung. Ausbildung war das oberste Gebot. Das galt aber nur für Jungen.
In der zweiten Phase, im 19. Jahrhundert, und mit Weiterentwicklung der Medizin wurde die Gesundheit in den Vordergrund geschoben: Durch die Fortschritte der ärztlichen Kunst wurde die hohe Säuglingssterblichkeit eingedämmt. Auf Hygiene und Ernährung zu achten wurde nun den Müttern nahegelegt. Es wurden gesundheitsbewußte Mütter herangebildet. Dieses Thema ist bis heute aktuell geblieben und gilt inzwischen bis hin zum Ungeborenen. Schwangere Frauen bekommen genaue Vorschriften, was sie essen dürfen und was nicht, wieviel Bewegung und wieviele Ruhepausen sie einlegen müssen. Dann, wenn das Kind da ist, geht es mit den Untersuchungen los: U 1 bis Ultimo ... Das ist natürlich einerseits im Interesse des Kindes und sinnvoll. Die Gebote sollen Mütter aber andererseits bereits in der Schwangerschaft disziplinieren. Eine Schwangere, die ein Glas Wein trinkt, bekommt gleich Angst, sie könnte ihr Kind fürs Leben geschädigt haben, und ich habe mit Müttern gesprochen, die mir anvertrauten, daß sie sich bei Störungen ihres Kindes fragten, bin ich schuld mit meiner »Verfehlung«? Habe ich mit meinem Glas Wein, einer Zahnschmerztablette oder nicht perfekt ausgewogener Ernährung verursacht, daß es zu spät läuft, noch nicht spricht oder sogar stottert?
Im 20. Jahrhundert, in der dritten Phase, schließlich wird dank Freud, Liedloff und Alice Miller »Das Drama des begabten Kindes« in den Mittelpunkt gerückt. Urvertrauen contra frühkindliches Trauma. Viele Mütter machen selbst Therapie und erfahren, wie schmerzlich es ist, von den Eltern erlernte Verhaltensweisen und übernommene Muster hinterfragen und umlernen zu müssen, um

erwachsen zu werden. Das möchten sie ihren eigenen Kindern natürlich ersparen. Also fassen sie sie mit Glacéhandschuhen an.
In die vierte Phase fällt die Bewußtheit für ökologische Themen. Bis heute wächst die Umwelt-Orientierung, die Bewußtheit für ökologische Gefahren als ungewollte Folgen der technisch-wissenschaftlichen Zivilisation. Jeder weiß, die Natur ist bedroht, der Wald stirbt, Tiere sterben aus. Durch die kaputte Umwelt entstehen neue Krankheiten.
Haben Mütter gerade gelernt, wie wichtig langes Stillen für die Psyche des Kindes ist, kommt nun eine neue Anweisung, die besagt, Stillen über drei Monate ist schädlich. Sollten Kinder gerade noch alle oralen und analen Bedürfnisse ausleben können, denken wir heute beim Anblick eines im Dreck wühlenden Kindes an Blei im Straßenstaub, radioaktives Cäsium im Lehm und gezuckertes Cadmium in der Schokolade. Elterninitiativen gegen Atomkraft und Pseudokrupp, »Mütter gegen belastete Nahrung« und »Arbeitsgemeinschaften allergiekrankes Kind« erfordern viel Zeit und Engagement der Mütter.
»Wo das Kind nicht gedeiht, haben die Eltern (Mütter) versagt,«[8] faßt Beck-Gernsheim die öffentliche Meinung richtig zusammen. Und der Ratgeber Ökotest schreibt: »Die Sorge um die Entwicklung ihrer Kinder teilen sie mit Eltern früherer Generationen. Neu ist, sie können die Leiden und den verfrühten Tod ihrer Kinder nicht als zufällig oder schicksalhaft oder gottgegeben hinnehmen. Dazu wissen sie zuviel.«[9] Das ist leider Gottes die Wahrheit. Woran ich mich stoße ist, daß Aufgaben von Männern und Frauen, Politikern, Industriellen, ja der ganzen Gesellschaft schließlich an den Müttern hängenbleiben.

Haben Mütter die Umwelt verseucht oder das ökologische Gleichgewicht ins Wanken gebracht? Nein. Was Müttern in jeder Epoche angelastet wird, sind gesellschaftliche Aufgaben, nicht Aufgaben einer einzigen Personengruppe.
Alle diese vier genannten Trends haben sich nicht etwa abgelöst, sondern jeder hat sich im Laufe der Zeit immer weiter verstärkt. Nicht nur die Gesundheit, auch die Intelligenz des Kindes wird heute bereits im Mutterleib gefördert. Hat das Kind Neurodermitis, heißt es, die Mutter läßt das Kind ja auch den ganzen Tag beim Au-pair-Mädchen. Kommt es in der Schule mal nicht mit, »kein Wunder, die Mutter geht abends lieber zum Yoga, statt bei ihrem Kind zu bleiben«.
Heute ist das *eine* Kind Mittel-, Dreh- und Angelpunkt einer Familie bzw. Mutter, es ist zum »Projekt« der Mutter geworden. Ein vollbetreutes und ehrgeizig angegangenes Projekt von der Zeugung bis zum Erwachsenen. Man hat eine genaue Vorstellung davon, wie das Produkt, an dem die Mutter schließlich Tag und Nacht arbeitet, werden soll. Die Investition muß sich lohnen. Für eine Vollzeitmutter ist das gelungene Kind die einzige Daseinsberechtigung. Mal abgesehen davon, ob es dem Kind guttut, diesen Stellenwert zu haben, ist ein Kind, wenn Mütter alles ernst nehmen, was ihnen Pädagogik, Psychologie und Erziehungsberatung vorschreiben *die* Lebensaufgabe für Mütter. Mütter, die sich an alles halten, haben keine Zeit mehr für etwas anderes. Und das bewirkt auf Dauer eine große Unzufriedenheit. Kein Mensch kann langfristig darin aufgehen, sich für einen anderen Menschen aufzuopfern. Er wird selbst dabei auf der Strecke bleiben.

Die biologische Mutter-Kind-Bindung, ein Mythos

Was den Muttermythos manifestiert, ist die unbewiesene Behauptung vieler Experten, die Bindung zwischen Mutter und Säugling sei eine biologische. Die Natur habe sozusagen ein unsichtbares Band zwischen der leiblichen Mutter und ihrem Kind geknüpft. Freud und auch der englische Kinderpsychiater John Bowlby glaubten noch an die Mutter-Kind-Symbiose, daran, daß die Nabelschnurbindung auch nach der Geburt atmosphärisch weiterbestehe.

Aus dieser Annahme wird die alleinige Zuständigkeit der Mütter für alles, was das Kind betrifft, abgeleitet. Und ihre große Zufriedenheit damit, daß sie sich für ihr Kind aufopfert. Denn die Natur hat es schließlich so vorgesehen.

Die französische Philosophieprofessorin Elisabeth Badinter hat am radikalsten mit dieser Behauptung abgerechnet und sie als falsch entlarvt. Sie kommt aufgrund vieler Untersuchungen zu dem Ergebnis: »Angesichts des Wandels der Einstellung der Mütter gelangt man zu der Überzeugung, daß der Mutterinstinkt ein Mythos ist. Auf ein allgemeingültiges und naturnotwendiges Verhalten der Mutter sind wir nicht gestoßen. Wir haben im Gegenteil festgestellt, daß ihre Gefühle in Abhängigkeit von ihrer Bildung, ihren Ambitionen oder ihren Frustrationen äußerst wandlungsfähig sind. Man kommt deshalb nicht an der vielleicht grausamen Schlußfolgerung vorbei, daß die Mutterliebe nur ein Gefühl und als solches wesentlich von den Umständen abhängig ist. Dieses Gefühl kann vorhanden sein oder auch nicht vorhanden sein, es kann auftreten und verschwinden. Es kann sich als stark oder als schwach erweisen. Es kann ein Kind bevorzugen oder sich auf alle erstrecken.«[1]

Die erste ernüchternde Erfahrung mit dem Mythos des Mutterinstinkts machen Frauen häufig bei der Geburt ihres ersten Kindes. Dann, wenn sich nicht sofort und automatisch in dem Moment, wo der Säugling da ist und ihnen in den Arm gelegt wird, die überströmende Mutterliebe einstellt. Die meisten Frauen erwarten das aber und sind verstört, denn sie entsprechen nicht den Erwartungen der Gesellschaft. Stillschweigend wird vorausgesetzt, daß die Mutter glücklich ist allein durch die Tatsache, daß sie ihr Kind im Arm hält. Frauen dagegen machen oft die Erfahrung, daß die Liebe zu ihrem Baby wachsen muß. Daß sie in dem Maße wächst, wie sich beide aneinander gewöhnen und aufeinander einstellen.

Es kann auch vorkommen, daß eine Mutter keinen starken Draht zu ihrem Kind oder einem ihrer Kinder entwickelt. Da sie aber dem Muttermythos unterliegt, der das erwartet, hat sie Schuldgefühle. Ebenso bekommt sie Schuldgefühle, wenn sie eines ihrer Kinder mehr liebt als das andere.

Was dieser Mythos völlig ausschließt, ist, daß eine Mutter zornig auf ihr Kind werden darf. Da die Mutterliebe biologisch ist, entfällt demnach die Möglichkeit, wütend auf oder aggressiv gegen das Kind zu werden. Jede Mutter kennt aber mehr oder weniger starke Aggressionen schon gegen ihren Säugling. Wenn das Baby fünfmal pro

Nacht schreit und hochgenommen werden will, und das nicht nur eine Woche, sondern wochen- und monatelang jede Nacht, fahren Mütter aus der Haut. Ich kenne eine Mutter, die hat sich eine Babypuppe gekauft und verhaut diese, um ihre Aggressionen von ihrem Kind abzuwenden. Andere Mütter boxen und treten auf ihre Wohnzimmerkissen ein, zerschlagen Kochlöffel oder werfen einen Teller gegen die Wand. Und ich kenne keine Mutter, die ihr kleines Kind nie wutschnaubend und unsanft ins Bettchen hat sausen lassen. Oder einen anderen »Ausraster« bekommen hat. Doch das Thema ist tabu. Darüber spricht man nicht einmal unter Müttern. Da Mütter mit einem biologischen Mutterinstinkt keine Wut auf ihr Baby bekommen dürfen, fühlen sich überlastete Mütter meist »nicht als richtige Mütter«. Viele fragen sich verzweifelt, warum nur bin ich keine »gute Mutter«?

Auch der Hamburger Diplom-Psychologe und Psychotherapeut Michael Thiel ist in seiner Diplomarbeit zu dem Ergebnis gekommen, daß der Mutterinstinkt eine Erfindung ist. Thiel sagte in einem Gespräch: »Die Mutter-Kind-Bindung und die Vater-Kind-Bindung beispielsweise sind durchaus gleichzusetzen. Bis vor kurzem hat man den Vater aber völlig außer acht gelassen. Er war einfach nicht von Interesse.«

Thiels Untersuchungen stützen sich auf einen Test, den eine Schülerin Bowlbys, Mary Ainsworth, in den 70er Jahren entwickelt hat. Thiel: »Ainsworth arbeitete in der Bindungsforschung und versuchte mit einem von ihr entwickelten ›Situationstest‹ herauszufinden, wie stark die Mutter-Kind-Bindung ist. In diesem Test wurden einjährige Kinder mit ihren Müttern in den verschiedensten Situationen beobachtet. Vor allem kam es darauf an, wie verhält sich das Kind, wenn fremde Personen hinzukommen, wenn die Mutter den Raum verläßt und wenn das Kind einen Moment allein gelassen wird.« Ergebnis: Nicht unbedingt die leibliche Mutter, sondern die Person (Vater, Tagesmutter, Kindermädchen, Oma), die in den ersten Lebensmonaten emotional verfügbar für das Kind ist, seine Signale richtig versteht und darauf eingeht, erzeugt eine sichere Bindung. Thiel: »Das gilt für alle Bezugspersonen. Für die berufstätige Mutter heißt das: Natürlich kann sie arbeiten gehen. Sie muß nur dafür sorgen, daß ihr Kind während ihrer Abwesenheit einen entsprechend verständnisvollen Partner hat. Auch Mütter, die keine überschwenglich liebevolle Beziehung zu ihrem Kind entwickeln können, aufgrund eigener Probleme, aufgrund dessen, daß ihnen der Charakter des Kindes nicht so sehr liegt, können sich entlasten, indem sie den Vater oder die Großeltern mehr einbinden.« Thiel hatte unter seinen Versuchspersonen ein im Beruf stark engagiertes Elternpaar, das selten zu Hause war und den Säugling von früh an einem liebevollen Kindermädchen überließ. Im Test zeigte sich deutlich, daß das Kind zu diesem Kindermädchen eine starke, intensive Bindung entwickelt hatte, während es sich vom Vater beispielsweise nicht einmal trösten lassen wollte, als es traurig war. »Die Eltern fielen aus allen Wolken und nahmen sich daraufhin vor, sich ihrem Kind mehr und intensiver zu widmen.«

Das bedeutet aber nicht, daß eine berufstätige Mutter keine sichere Bindung zu ihrem Kind haben kann. Thiel: »Die Bindungsperson muß nicht ständig verfügbar sein. Worauf es ankommt, ist: Das Kind muß ein inneres Bild haben von der verfügbaren Bindungsperson. Das trägt es mit sich herum wie Erwachsene das Bild ihrer Liebsten. Das Bild kann abgerufen werden, auch wenn die Bindungsperson nicht sofort anwesend ist. Wichtig ist nur: Wenn etwas passiert, ist da jemand, der mich liebenswert findet und für mich da ist. Und natürlich kann das Kind zu mehreren Personen solch eine Bindung aufbauen.«

Aufschlußreich ist auch eine Untersuchung des Psychoanalytikers René Spitz, der sich der Deprivationsforschung widmete. Er beobachtete, wie Kinder aus Waisenhäusern sich entwickelten. Er beschrieb anschaulich, wie Kinder verkümmern, die ohne emotionale Bindung auskommen müssen. Einen Teil der von ihm beobachteten Kinder gab er in die Obhut von Müttern, die in einem Frauengefängnis einsaßen. Beim späteren Vergleich beider Gruppen schnitten die Kinder, die bei Frauen im Gefängnis groß geworden waren, wesentlich besser ab als die, die weiterhin im Waisenhaus bleiben mußten. Obwohl kein biologisches Band da war, konnten die Kinder zu den Frauen eine enge Bindung aufbauen und sich aufgrund dieser Bindung besser entwickeln. Thiel: »Um das noch einmal klar zu sagen: Wichtig für ein Kind ist, daß es wenigstens eine Person hat, die emotional verfügbar ist und von der es sich angenommen fühlt. Ob das die Mutter, der Vater, eine zuverlässige Tagesmutter oder die Oma ist, ist egal.«

Der Muttermythos und noch mehr Mythen

Der Muttermythos bewirkt, daß Mütter in unserer Kultur, egal ob berufstätig oder nicht, über ihre Kinder definiert werden. Kinder bedeuten persönlichen Erfolg für Frauen. Gute Kinder, gute Mutter, gute Frau. Der Muttermythos bedeutet, daß die Mutter und Ehefrau die Fürsorge für Kinder und Mann übernimmt. Professor Stefan Schmidtchen, Kinderpsychologe an der Hamburger Universität: »Sie muß die nährende und die beruhigende Übermutter sein, die sich für ihre Familie aufopfert und kein Recht auf Klagen und Sorgen hat. Von ihr wird zudem erwartet, daß sie nach außen zufrieden und glücklich erscheint.« Bemühen Frauen sich, allen diesen Erwartungen gerecht zu werden, müssen sie zwangsläufig unter Schuldgefühlen zusammenbrechen. Das Gedeihen des Kindes, seine physische und psychische Gesundheit, der Zusammenhalt der Familie, das alles wird den Müttern angelastet. In ihrer Macht steht es, aus dem Kind einen frohen und glücklichen Menschen zu machen oder es in seinen Entwicklungsmöglichkeiten zu hemmen, ja sogar zu schädigen. Neben dem Muttermythos, dem keine Frau gerecht werden kann, gibt es zwei weitere Mythen, die sich ebenso hartnäckig halten und sich zudem gegenseitig bedingen: der Mythos vom glücklichen Kind und der Mythos von der glücklichen Familie.

Mythos glückliche Kindheit

Das »glückliche Kind«, das die heutige Erziehung anstrebt, hat es nie gegeben und wird es nie geben. Auch Kinder sind kleine Menschen und zum menschlichen Leben gehören neben Glück und Freude auch Trauer, Wut, Angst, Ohnmachtsgefühle und Enttäuschungen. Und je eher Kinder lernen, das als natürlich und gegeben anzunehmen und damit umzugehen, desto glücklicher können sie leben.
Es wird aber hartnäckig an einem Bild aus vergangenen Zeiten gestrickt, wo es angeblich schöner für die Kinder war, überschaubarer, kindgerechter. Eltern hatten noch Zeit für die Kinder oder nahmen sie sich. Sie waren weniger abgehetzt, und Kinder konnten, ohne daß Gefahren lauerten, intensiv in unzerstörter Natur spielen. So war es nie, das zeigt ein Blick in die Geschichte. Wie wir im Kapitel über Kindheit in früheren Jahrhunderten gesehen haben, war die Kindheit früher sehr viel brutaler und härter als heute, weil Kinder keinen Wert an sich hatten, weil Kinder nicht so beachtet, gepflegt und umsorgt wurden, wie das heute der Fall ist. Auch früher waren Eltern keine Übermenschen. Jedes Kind hat es zu allen Zeiten mit Eltern (Müttern) zu tun, die Fehler, Schwächen, Unzulänglichkeiten und Defizite haben. Lernen, damit umzugehen, tut immer weh, früher wie heute. Kindheit war nie Idyll und einsame selige Insel. Der Mythos von der ungetrübten Kindheit ist eine Erfindung der Moderne. So wie früher Zucht und Ordnung, frühes Arbeiten und wenig emotionale Unterstützung einer »perfekten« Entwicklung im Wege standen, so stehen heute die hochindustrialisierten Gesellschaften den natürlichen

physischen und psychischen Bedürfnissen der Kinder, ihrem Bewegungsdrang, ihrer Neugier, ihrer Abenteuerlust entgegen. So wie damals Reglementierung und Kontrolle an der Tagesordnung waren, weil das als Erziehungsideal galt, so ist das gleiche heute nötig, um Kinder zu schützen.

Professor Stefan Schmidtchen äußerte folgerichtig: »Der Mythos von der glücklichen Kindheit kann zu einer schweren Hypothek werden, wenn wir ihm fortwährend nachjagen. Und die meisten tun das. Wir streben in fast neurotischer Weise ein Zielbild an, das völlig am Leben vorbeigeht. Ein Mythos, der unerreichbar ist, denn er hat mit dem wirklichen Leben nichts zu tun.«

Mythos glückliche Familie

Dieser Mythos geht von einem harmonischen Familienbild aus, in dem Vater und Mutter sich liebevoll zugeneigt sind, sich nicht streiten, kaum Meinungsverschiedenheiten haben und wenn, dann werden sie vernünftig besprochen und gelöst. In der glücklichen Familie herrscht ein Zusammengehörigkeitsgefühl, alle ziehen an einem Strang und haben Verständnis füreinander. Es herrscht eine tolerante Grundstimmung, man hält zusammen und ist füreinander da. Die glückliche Familie ist ein in sich gut funktionierender Clan, der zusammensteht wie Pech und Schwefel. Eine heile Welt, in die sich alle Familienmitglieder aus dem feindlichen Leben zurückziehen und auftanken können. Eifersucht, Machtstreben, Konkurrenzkampf, Neid, Haß und Enttäuschung bleiben selbst-

verständlich außen vor. Es gibt viele Familien, die sich krampfhaft bemühen, diesem Ideal zu entsprechen. Professor Schmidtchen sagt dazu: »In Familien, wo versucht wird, das zu praktizieren, werden die Familienmitglieder oft richtig krank, weil sie ihre schlechten Seiten nicht leben dürfen, sie unterdrücken müssen. Das kann verheerende Folgen haben.« Ein normales Familienmilieu dagegen ermöglicht es seinen Mitgliedern, auch die »negativen« Seiten auszuleben. Dort muß es sogar stürmen, krachen, und die Fetzen sollten ab und zu fliegen. Es macht krank, wenn immer die Sonne scheinen muß.
Mit der Mutter hat dieses Familienbild insofern zu tun, als es ihre verantwortliche Aufgabe ist, für dieses Familienklima zu sorgen. Die gute Mutter hat auszugleichen, zu schlichten und dem Gatten einen angenehmen Empfang zu bereiten. Sie fängt Aggressionen auf und verarbeitet sie unbeschadet.

Superfrauen

Heute kommt zu dem, was Frauen sowieso in den Augen der Gesellschaft zu leisten haben, auch noch der Beruf. Die meisten berufstätigen Mütter wollen aber weiterhin dem gesellschaftlichen Frauenbild entsprechen und zerreißen sich fortan. Sie wollen einerseits gut sein im Beruf, obwohl sie auch noch Mutter und Hausfrau sind. Und sie wollen trotz ihrer Berufstätigkeit eine gute Mutter und perfekte Hausfrau sein.
Die berufstätige Mutter produziert Schuldgefühle, weil sie unter der Unmöglichkeit leidet, den Erwartungen der

Gesellschaft ständig gerecht zu werden. Der Muttermythos führt bei vielen Müttern dazu, daß sie ihre Kinder nicht loslassen können. Ja, sie müssen ihre Kinder geradezu an sich gebunden halten, ungern in fremde Hände geben und ein schlechtes Gewissen haben, weil sie sonst als schlechte Mütter gelten.

In ihrem Buch »Das Superfrauen-Syndrom« schreiben Claudia Bepko und Jo-Ann Krestan, daß es bei Frauen schon fast ein Instinkt ist, es allen recht machen zu wollen. »Dieser Zwang äußert sich in allen Dingen, die eine Frau den ganzen Tag tut. Die Handgriffe scheinen einfach und deshalb bemerkt man sie kaum – und alle anderen auch nicht. Sie gibt, stellt her, arbeitet, plant, säubert, organisiert, bringt in Ordnung, verausgabt sich, bemüht sich und erwartet von sich, emotional dazusein für Männer, Kinder, Chefs, Mitarbeiter, Angestellte, Freunde, Eltern, die Kirche, zugelaufene Katzen und überhaupt für den Rest der Welt.«[1]

Frauen plagen sich permanent mit Schuldgefühlen, denn was sie tun, scheint nie genug zu sein. Egal, wieviel sie tun und wie gut sie alles machen, mit sich zufrieden sind sie nicht. »Je kompetenter eine Frau sein will, je mehr emotionale Zuwendung sie geben will, je härter sie arbeitet und je erfolgreicher sie sein will, desto mehr Selbstzweifel, Schuldgefühle und Beziehungsprobleme handelt sie sich offenbar ein, obwohl sie doch schon aus der Doppelbelastung von Beruf und Haushalt eigentlich ein stärkeres Selbstwertgefühl entwickeln müßte.«[2] Der Grund liegt darin, daß die herrschenden gesellschaftlichen Normen, die definieren, was eine »richtige Frau« ist, unerreichbar sind. Was von Frauen gefordert wird, ist voller Widersprüche. Frauen, die sich bemühen, allen

Forderungen gerecht zu werden, müssen scheitern. Kein Mensch kann alles perfekt leisten und gleichzeitig auch seinen eigenen Wünschen und Interessen Raum und Zeit geben. Um zufrieden werden zu können, müßten Frauen abgeben dürfen. Müßten sie Prioritäten setzen dürfen. Frauen müßten begreifen, daß es nicht darum geht, wer die bessere Mutter ist, die berufstätige oder die Vollzeitmutter. Wenn Mütter verstehen könnten, daß es aufgrund der gesellschaftlichen Bedingungen beiden nicht gutgeht, wäre viel getan. Statt dessen besteht ein unterschwelliges Konkurrenzdenken. Die berufstätige Mutter sagt: Die Vollzeitmutter ist nur Anhängsel und Dienstmädchen der Familie. Die Vollzeitmutter dagegen sagt: Berufstätige Frauen sind Rabenmütter. Die Hamburger Kindertherapeutin Veronika Windsor-Oettel meint dazu: »Es gehört einfach nicht zum Frauenbild, daß beide Frauentypen informiert und organisiert sind und sich gegenseitig solidarisch unter die Arme greifen, egal ob Vollzeitmutter oder arbeitende Mutter.« Die berufstätige Mutter gilt als die Emanzipierte, die Vollzeitmutter als Heimchen am Herd. Bepko und Krestan kommen jedoch zu dem Ergebnis: »Daß heutzutage viele Frauen erwerbstätig sind, heißt noch lange nicht, daß sie wirklich emanzipiert sind. Es heißt nur, daß ihre Belastung zunimmt, während ihre innere Stimme immer noch ungehört verhallt.«[3] Mütter werden nämlich von den Mythen, wie sie als Frauen und als Mütter zu sein haben, beherrscht, ohne es zu merken. Sie handeln nach ihnen verborgenen Regeln der Pflichterfüllung.

Auch die Vollzeitmutter hat Schuldgefühle. Da ihre Daseinsberechtigung ein gut versorgter Mann und wohlgeratene Kinder sind, bekommt sie ein schlechtes Gewis-

sen, wenn der Ehemann nur noch ein gebügeltes Hemd im Schrank hat, obwohl er am nächsten Tag auf Dienstreise geht, wenn das Essen nicht pünktlich auf dem Tisch steht, obwohl der Mann einen Kollegen mitbringt, oder wenn das Kind eine Fünf geschrieben hat. Sie hat ein schlechtes Gewissen, wenn das Nachbarskind »schon« gut Tennis spielt, während sie ihr gleichaltriges eigenes jetzt »erst« angemeldet hat. Die Vollzeitmutter muß schließlich eine Legitimation dafür haben, den ganzen Tag zu Hause zu sein. Also opfert sie ihre eigenen Interessen ganz den Kindern und dem Mann. Die Vollzeitmutter leidet ständig unter dem Druck, Leistungen vorweisen zu müssen, weil sie den ganzen Tag zu Hause ist.
Wichtig für Mütter ist, zu begreifen, daß Schuldgefühle bisher nicht nur zur berufstätigen Mutter gehören, sondern zur Mutterschaft allgemein, und daß die bestehenden Grabenkämpfe zwischen Müttern im Grunde unsinnig sind. Unsere konservative Familienpolitik erreicht geschickt, daß Frauen außerhalb des Zusammenhangs gesehen werden und nicht im gesellschaftlichen System. An den Müttern wird je nach Wirtschaftslage herumgezerrt: Sie machen zuviel, sie machen zuwenig, sie gehören zu den Kindern, sie sollten arbeiten. Das Recht auf Arbeit und das Recht auf freie Entscheidung ihrer persönlichen Entfaltung wird ihnen dabei nicht zugestanden.
Bepko und Krestan haben fünf Regeln der weiblichen Pflichterfüllung herausgefunden: 1. Eine Frau ist zum Geben geboren. Dies ist die nachhaltigste Lektion, die Frauen, vor allem aber Mütter, lernen. 2. Die selbstlose Frau, die immer gibt, hat dabei gut auszusehen, 3. nie ihre Selbstbeherrschung zu verlieren, sondern alles gefaßt

und heiter zu ertragen. 4. Sie hat darüber hinaus sexy zu sein und alles ohne Klagen zu schaffen. Denn eine richtige Frau ist 5. nie überfordert. Sie schafft alles mit einem weichen Lächeln.[4]
Diese Regeln, die bestimmen, wie eine Frau zu sein hat, kann wohl keine erfüllen. Denn: Verzichtet eine Frau wegen der Karriere auf Kinder, ist sie keine richtige Frau. Macht sie Karriere und bekommt trotzdem Kinder, ist sie keine gute Mutter. Bleibt sie wegen der Kinder zu Hause, wird sie nicht für voll genommen. Als Hausfrau genießt sie kein Ansehen in dieser Gesellschaft. Sie kann es also keinem recht machen. Versucht sie, alles unter einen Hut zu bringen, wie viele Frauen das praktizieren, ist sie früher oder später einem Nervenzusammenbruch nahe. Und wieder wird mit dem Finger auf sie gezeigt.
Worum es geht, ist, persönliche Prioritäten zu setzen und sein Leben danach auszurichten, ohne sich um die ungeschriebenen Gesetze zu kümmern, die unser Frausein uns vorschreibt, und endlich die Scheingefechte als solche zu erkennen und damit aufzuhören. Ein langer Weg, der vielleicht noch Generationen braucht, denn die gesellschaftlichen Forderungen haben wir tief verinnerlicht.

Mythos der Geburt

Die Bilder, die die Gesellschaft Frauen darüber vermittelt, wie sie als gute Mütter zu sein haben, werden von manchem vielbeachteten Geburts-Guru vertieft. Vielgelesene Geburts-Päpste, wie Leboyer oder Liedloff leisteten der Romantisierung und Idealisierung von Mutter-

schaft Vorschub und haben dazu beigetragen, daß in Müttern das Bild entsteht, wenn ich nicht völlig selbstlos und ausschließlich auf mein Kind eingehe, kommt eine kaputte kleine Kreatur dabei heraus, und ich bin schuld. Und Schwangere, die in der Regel ein rosig verkleistertes Bild davon haben, wie das wirkliche Leben mit Kind ist, saugen die Botschaften tief in sich auf. Sie sind festentschlossen, die besten Mütter der Welt zu werden.
Die Bestsellerautorin Jean Liedloff hat, was das Vorurteil, »Kinder von berufstätigen Müttern neigen eher zu Verhaltensauffälligkeiten, Verhaltensstörungen und bilden mehr kriminelle Energie aus aufgrund ihrer Vernachlässigung«, angeht, viel Schaden angerichtet, indem sie behauptete: »Die Mütter können, würden sie die Dringlichkeit ihrer Anwesenheit während der ersten Jahre ihres Babys erkennen, ihre Stellung aufgeben, um den Entbehrungen vorzubeugen, die das ganze Leben des Babys schädigen...«[5]
Mütter, die Liedloff gelesen hatten, trugen ihr Kind pausenlos in einem Tuch am Körper, nahmen es nachts mit ins eigene Bett und flitzten bei jedem Pieps, um zu erforschen, was dem Kleinen fehlt. Ich kenne Mütter, die das derartig ausufernd praktizierten, daß sie selbst nach einiger Zeit völlig unkonzentriert, hektisch, vernachlässigt und übermüdet herumliefen. Eine Mutter erzählte mir: »Ich habe in der Zeit nicht bemerkt, ob ich den Pullover falsch herum angezogen habe, zwei verschiedene Socken anhatte oder vergessen hatte, mich zu kämmen. Das Baby nahm mich so in Anspruch, daß ich das vergaß.« Viele berufstätige Mütter leben mit »diesem Wissen« in der ständigen Angst, etwas falsch zu machen, sich zuwenig zu kümmern, zuwenig Zeit für das Kind zu haben und dadurch nicht wiedergutzumachende Schäden zu erzeugen.

Untersuchungen haben jedoch das Gegenteil bewiesen: Kinder aus Familien mit nicht-berufstätigen Müttern zeigen dreimal soviel Verhaltensauffälligkeiten, wie Unruhe, Lernschwierigkeiten, Lügen, Bettnässen, Verhaltensstörungen, starke Aggression, Gewaltbereitschaft, und werden häufiger kriminell als Kinder aus Familien, in denen die Mütter arbeiten. Denn auf die Qualität der Beziehung kommt es an und nicht, wieviele Stunden am Tag die Mutter im Haushalt zubringt.[6] Das Untersuchungsergebnis erhärtet die Annahme, daß berufstätige Mütter sich qualitativ besser um ihre Kinder kümmern und die Kinder verantwortungsbewußter sind. Vermutlich, weil diese Mütter mehr Möglichkeiten haben, etwas für sich zu tun, einen weiteren Erfahrungshorizont haben und auch andere Dinge für sie wichtig sind. Nur wer auftanken kann, kann etwas geben. Auch der Geburtspapst Frédérick Leboyer hat Unsinn in die Welt gesetzt, indem er sagte: »Die Schönheit und Erhabenheit der Mutterschaft ist sicher die, daß du dich selbst vergißt. Jemand anderes wird wichtiger als du. Eine Frau, die sagt: Das will ich, ist keine Mutter. Solange du noch ich sagst, bist du infantil. Die Größe der Mutter spiegelt sich in der totalen Selbstlosigkeit wider.«[7] Eine Mutter, die das liest, muß sich schuldig fühlen, wenn sie gern weiter ihrem Beruf oder einfach nur eigenen Interessen nachgehen möchte. Solche Aussagen, von Männern gemacht und vielgelesen, schüren ein weiteres großes Vorurteil: Eine berufstätige Mutter ist egoistisch und beschäftigt sich weniger mit ihren Kindern als eine Vollzeitmutter.

Tatsache ist, wie Untersuchungen eindrucksvoll belegen, daß berufstätige Mütter genausoviel Zeit mit ihren Kindern verbringen, wie Hausfrauen-Mütter. Sowohl berufstätige als auch nicht-berufstätige Mütter verbringen im Schnitt eine halbe Stunde pro Tag ausschließlich mit ihrem Kind. Und: Wenn, dann ist es die berufstätige Frau, die sich wesentlich intensiver mit ihrem Kind beschäftigt als die Hausfrau.

Ein drittes Vorurteil, das sich hartnäckig hält: Kinder berufstätiger Mütter sind ängstlicher und ziehen sich eher zurück im Vergleich zu Kindern von nicht-berufstätigen Müttern.

Die Realität und aktuelle amerikanische wie deutsche Untersuchungen zeigen: Kinder berufstätiger Mütter sind selbständiger, unabhängiger und selbstsicherer, verglichen mit Kindern nicht-berufstätiger Mütter. 1994 hat die Universität in Wien eine Studie veröffentlicht, die besagt, daß Kinder berufstätiger Mütter selbständiger und selbstbewußter sind als Kinder von Vollzeitmüttern.

Uwe, 37, Grafiker
»Es war gut, daß meine Mutter von mir abgelenkt wurde«

Ich war sechs, als mein Vater mit seiner Sekretärin durchbrannte. Ziemlich schnell war klar, daß meine Mutter arbeiten mußte, denn mein Vater drückte sich vorm Zahlen. Sie hat schließlich einen Job als Sekretärin gefunden. Es fiel ihr anfangs sehr schwer, den ganzen Tag arbeiten zu müssen.

Ich dagegen fand's überhaupt nicht unangenehm, auf einmal eine berufstätige Mutter zu haben. Erstens hat sie es gut organisiert. Meine Oma, die ich sehr gern mochte, ist mit eingesprungen. Zweitens war meine Mutter in der Zeit, die sie für uns hatte, auch ausschließlich für uns da. Es war also für uns – ich habe noch eine jüngere Schwester – nicht so dramatisch. Die Probleme hatte eher meine Mutter. Sie war mit Leib und Seele Hausfrau und Mutter gewesen. Ich habe sie als eine absolut liebende, fürsorgende, voll in ihrer Aufgabe aufgehende Hausfrau und Mutter erlebt. Wie eine Glucke war sie um uns herum, sie hat uns im Grunde überversorgt. Hat sich um alles gekümmert, sich in alles reingemischt. Da tat es ihr natürlich weh, daß sie das dann nicht mehr so konnte, weil sie diese Kraft nun in den Beruf investieren mußte.

Ich dagegen würde heute sagen, für meine Entwicklung war es besser, daß meine Mutter von mir abgelenkt wurde. Meine Mutter war immer erst so zwischen vier und fünf zu Hause. Ich kann mich erinnern, bereits als ich zehn, elf war, habe ich das richtig genossen, daß meine Mutter mittags nicht da war. Ich habe sehr früh schon eine Freundin gehabt, und wir haben jeden Nachmittag drei, vier Stunden sturmfreie Bude gehabt. Das fanden wir natürlich göttlich.

Diesen Freiraum hätte ich bei meiner besorgten Mutter, wäre sie zu Hause gewesen, nie gehabt. Auch nicht, daß ich Schularbeiten machen konnte, wann ich wollte. Für mich war das rückblickend eine ganz gesunde Geschichte und hat meiner Entwicklung gut getan. Mit 14, 15 kam ich dann richtig in die Pubertät und war überhaupt nicht mehr bereit, irgend etwas zu rechtfertigen. Ich wollte nur noch mein Ding machen. Und das konnte ich natürlich dadurch, daß Mutter nicht da war.

Aus der Distanz gesehen, hat sie versucht, mich viel zuviel zu bemuttern, sie hat – trotz Job – zuviel Schwergewicht auf Fürsorge gelegt. Sie hat auf meinen Umgang geachtet. Hätte mir am liebsten noch meine Freunde vorgeschrieben. Wen sie nicht mochte, den durfte ich nicht mit nach Hause bringen. Sie hat sich in die Schuldinge eingemischt. Mit zwölf hat sie mich mal in einer Kneipe gesichtet, da ist sie wie eine Furie hineingestürzt und hat mich da rausgezerrt. Schrecklich für mich, damals.

Heute sagt sie selbst manchmal, es war gut für mich, daß sie gezwungen war, arbeiten zu gehen. Sie ist dadurch viel selbständiger geworden. Und sie mußte uns mehr loslassen, was sie freiwillig sicher nie gemacht hätte. Was für uns am schwersten war, war nicht die Tatsache, daß sie von morgens bis abends aus dem Haus mußte, sondern daß sie selbst darunter gelitten hat, lange ständig bedrückt war, viel weinte und mit ihrer neuen Rolle haderte.

Und sie hatte natürlich Angst, ob sie es überhaupt auf die Reihe kriegt, uns allein durchzubringen. Hinzu kam, daß eine berufstätige Mutter damals nicht unbedingt gesellschaftlich anerkannt war. Es war mehr geduldet, man sagte, was bleibt der armen Frau anderes übrig.

Wichtig für mich war, daß sie uns trotz Abwesenheit das Gefühl gab, wenn etwas ist, bin ich für euch da. Das war eine tolle Sache. Diese Freiheit mit dem Wissen, bei Problemen ist sie für uns ansprechbar. Ich wußte, wenn ich in irgendwelche Schwierigkeiten komme, egal welche, daß sie total zu mir steht. Ich hatte beispielweise in der Pubertät Phasen, da habe ich Haschisch ausprobiert wie viele Jugendliche damals in meinem Alter. Wir wollten uns halt beweisen und waren neugierig. Ich wußte aber bei allem, was ich tat, auch wenn ich Mist baue, wenn es mir schlechtgeht, sie ist da. Ich halte das heute, im Nachhinein, für wichtiger, als wenn sie mittags mit dem warmen Essen auf uns gewartet hätte.

Ich glaube, wenn sie zu Hause geblieben wäre, wären die Konflikte viel mehr eskaliert, nicht im Sinne von gesunder Reibung sondern im Sinne von Verkrampfung. Wenn sie mit ihrer Art immer dagewesen wäre, wäre alles schwieriger gewesen. Für sie und für mich. Sie sagt heute übrigens selbst, daß es für sie zwar unglaublich hart, aber das Beste war, was ihr passieren konnte. Sie wäre sonst ein Mütterchen geblieben und hätte ihre vielen lebendigen Seiten nicht gelebt, hätte sich für die Familie aufgeopfert. So hat sie heute einen weitverzweigten Freundes- und Bekanntenkreis, ist selbständig, kann etwas mit sich anfangen und hat viele Interessen, die sie pflegt. Sie engagiert sich ehrenamtlich für karitative Dinge und kann dabei ihre umsorgende Ader ausleben. Sie hat sich abgenabelt, wobei ihr der Schubs in die Berufstätigkeit sicher geholfen hat.
Ich habe mich, wenn ich das selbst beurteilen soll, ganz normal entwickelt. Ich bin beruflich erfolgreich, selbständig, habe eine gutgehende Werbeagentur. Ich traue mich etwas. Ich habe eine Freundin, und ich fühle mich wohl in meiner Haut, ich bin kein von Defiziten geplagter Einzelgänger oder Versager geworden. Ich habe die Tatsache, daß meine Mutter berufstätig wurde, nie als wahnsinnigen Schnitt empfunden.

Babys, ein Thema für sich

Haben berufstätige Mütter mit Kleinkindern schon Probleme, so fühlen sie sich, wenn sie ein Baby in fremde Betreuung geben, noch schlechter. Wird ihnen doch immer wieder gesagt, daß Babys ihre Mütter ganz besonders brauchen. Und daß die Mutter-Baby-Bindung leide oder gar zerstört werde, wenn die Mutter nicht ständig verfügbar ist.

Dabei sind sämtliche existierenden Studien über Babys und ihre Beziehung und Bindung zur berufstätigen Mutter zu positiven Ergebnissen gekommen, auch wenn Babys von Anfang an mehrere feste Bezugspersonen haben. Neuere Untersuchungen haben gezeigt, daß sowohl berufstätige wie auch Hausfrauen-Mütter von ihren Babys als Hauptbezugspersonen empfunden werden. Die Angst vieler Mütter, ihr Säugling könnte eines Tages die Tagesmutter als Mama ansehen, ist keineswegs begründet. Und daß die meisten fremdbetreuten Babys zeitweilig »Mama« zur Tagesmutter sagen, liegt mehr am geringen sprachlichen Ausdrucksvermögen des kleinen Kindes als daran, daß es die Tagesmutter oder Gruppenleiterin in der Krippe stärker als Mutter empfindet als die eigene. Psychologische Forschungen haben auch bewiesen, daß Babys mit mehr als einer Bezugsperson weniger unglücklich sind, wenn die Mutter sich mal verabschiedet. In Gegenwart Erwachsener sind sie zufriedener und verspielter, fühlen sich auch mit andern als mit der eigenen Mutter sicher. Und da, wo die Mutter den ganzen Tag zu Hause ist, sind die Bindungen zwischen Säugling und Mutter keineswegs immer die stärksten. Babys machen manchmal mehr Geschrei, wenn Papa, Oma oder Schwesterchen sich verabschieden, als wenn Mama geht. Die Anzahl der Bindungen, die ein kleines Kind entwickelt, hängt schlicht und ergreifend von den Möglichkeiten ab, die man ihm bietet. Ob die Mutter sich bemüht, ihm andere Menschen vorzustellen und nahezubringen.

Babys finden es toll, mehrere Beziehungen zu haben. Sie fühlen sich geborgen und glücklich mit zuverlässigen und vertrauten Betreuern, Spielkameraden und freundlichem Besuch. »Die Spezies Mensch ist anscheinend nicht so sehr auf eine ausschließliche Bemutterung eingerichtet, als vielmehr auf verläßliche Beziehungen mit mehreren.«[1]

Für viele Mütter dagegen ist es schwer, das zu akzeptieren. Es gibt Mütter, die möchten ihr Baby gar nicht teilen. Weil es offenbar für viele ein angenehmes Gefühl ist, wenn der kleine Mensch nur auf sie fixiert ist. Und so sind viele Mütter gar nicht so sehr angetan davon, daß ihre kleinen, süßen Lieblinge die Gesellschaft anderer ebenso schätzen könnten wie die ihrer aufopferungsvollen Mama. Diese Mütter sollten sich allerdings fragen, ob sie ihrem kleinen Schatz damit nicht eher Steine für seine Entwicklung in den Weg legen.

Kinder sind robust

Heutige Experten sehen die kindliche Entwicklung weniger eng als Freud und Miller. Moderne Entwicklungspsychologen vertreten die Auffassung vom »robusten, auch von biologischen Voraussetzungen und Prozessen geprägten Kind«. Das Kind kommt mit einem eigenen Programm zur Welt. Eltern müssen sich von der Allmachtsphantasie lösen, daß sie Kinder nach eigenen Vorstellungen formen können. Vielmehr ist es notwendig, ihnen die Möglichkeit zu geben, sich gemäß ihrem Programm entfalten und entwickeln zu können. Auch die Theorie der alles bestimmenden Kindheit wurde relativiert. Das Kind reagiert sensibel auf gute wie schlechte Umweltbedingungen, aber es ist flexibel. Schlechte Erfahrungen haben nicht unbedingt eine dauerhaft schädigende Wirkung, noch haben gute eine dauerhaft günstige. Eine schwierige Kindheit kann (durch spätere gute Erfahrungen) überwunden werden, eine gute Kindheit kann nicht vor den Traumata eines unglücklichen Erwachsenseins bewahren. »Das heutige Kind ist kein Porzellanpüppchen mehr, das bei dem ersten Ansturm seiner Umwelt zerbricht. Vielmehr ist unser heutiges Kind eine ziemlich zähe Plastikpuppe, sie ist bruchsicher, ihre Dellen beulen sich wieder aus, aber sie kann durch spätere schlimme Erfahrungen erneut zerbeult werden.«[1] Und: »Heute wissen wir, daß wir das Kind

vom ersten Tag an als eigenständiges Wesen respektieren müssen. Es hat einen eigenen Lebenswillen, eine eigene Persönlichkeit und ein Gespür für die eigene Entwicklung... Im besten Fall setzt sein inneres Wesen, sein Charakter, sich auch gegen äußere Bedingungen oder die Beeinflussung der Eltern durch. Es ist höchst unrealistisch, zu glauben, daß ein Kind erst durch Erwachsene und deren Erziehung zu einem Menschen werde.«[2]
Inzwischen ist die Wissenschaft auch wieder davon abgerückt, daß der Einfluß der Mutter das Entscheidende für das Wohl des Kindes ist. Die Vater-Forschung hat den Vater ins Spiel gebracht. Man weiß, daß Väter gleichermaßen fähig sind zu »mütterlichem« Verhalten. Elisabeth Badinter schreibt: »Offenbar ist Mutterliebe nicht mehr allein Sache der Frauen. Die neuen Väter tun es den Müttern gleich und lieben wie diese ihre Kinder. Das scheint darauf hinzudeuten, daß die Mutterliebe ebenso wie die väterliche Liebe nichts Spezifisches mehr ist.«[3]
Und: »Ebensowenig gibt es Beweise dafür, daß die sogenannten mütterlichen oder fürsorglichen Verhaltensweisen etwas spezifisch Weibliches sind und bei Männern nicht vorkommen.«[4]
Bei meinem eigenen Mann habe ich beobachtet, daß er ebensolch einen »Draht« zu unserer Tochter hatte wie ich. Wenn sie als Baby nachts schrie, schreckte er genauso hoch wie ich. Wenn sie krank war, fühlte er die gleiche körperliche Unruhe in sich wie ich. Ich hatte nicht den Eindruck, daß er seiner Tochter weniger Gefühle, Sorge, Einfühlsamkeit entgegenbrachte als ich.
Man weiß heute auch, daß eine schlechte Mutter-Kind-Beziehung durch eine gute Vater- oder Großeltern-Kind-Beziehung ausgeglichen werden kann. Ja, sogar entfernte

Bezugspersonen können ein Kind auf den richtigen Weg bringen. In Brigitte 4/90 lautete die Überschrift eines Dossiers über Kindererziehung provokativ: »Prima Kinder aus kaputten Familien.«
In einem Interview mit der amerikanischen Professorin Emmy Werner[5] wird herausgearbeitet, daß glückliche, lebenstüchtige Kinder nicht nur in sogenannten »heilen Familien« heranwachsen. Die Wissenschaftlerin hat in empirischen Forschungen herausgefunden: Millionen Kinder in Amerika leben unter denkbar schlechten Verhältnissen: in Armut, in chaotischen Familienverhältnissen, mit alkoholsüchtigen und drogenabhängigen Eltern. Trotzdem wird aus ihnen etwas, sie kommen im Leben nicht schlechter zurecht als Kinder aus »geordneten Verhältnissen«.
Andererseits häufen sich die Studien, die festgestellt haben, daß Kinder aus »gutem Hause« durchaus im Leben straucheln und lebensuntüchtig werden. Solche Ergebnisse werfen bisherige Theorien über den Haufen und sind angetan, das Gewissen von Müttern zu entlasten und Kindern wieder mehr zuzutrauen, als das bisher praktiziert wurde.
Emmy Werner sagt in dem Interview ganz deutlich: »Es geht kein Weg an der Tatsache vorbei, daß es Kinder gibt, die trotz schlechtester Bedingungen, trotz armer Familienverhältnisse und obwohl sie Eltern haben, die nichts taugen, genausogut im Leben zurechtkommen wie Kinder, die unter besten Voraussetzungen aufwachsen.«[6]
Werner stellte fest, daß die meisten Kinder, die es trotzdem zu etwas brachten, früh im Leben irgendeine Bezugsperson hatten, die das Kind ohne Vorbehalte akzeptierte und sich um es kümmerte. Das mußte nicht die Mutter sein

und auch nicht der Vater. Es konnte eine Nachbarin sein, eine Oma, ein Lehrer, der Leiter einer Pfadfindergruppe oder auch eine geeignete Gruppe Gleichaltriger. Es kann die Kindergärtnerin genausogut sein wie die Tagesmutter. Das kann sogar eine Bezugsperson sein, die weder zur Familie gehört, noch sich täglich um das Kind kümmert.
Worauf es ankommt, ist, daß eine zuverlässige Bindung besteht. Werner sagt: »Eine derartige Verbindung mit einer Bezugsperson scheint die solideste Grundlage dafür zu sein, daß Kinder die nötige Widerstandskraft entwikkeln, die sie brauchen, um unter schwierigen Lebensbedingungen zurechtzukommen.«[7] Auch Professor Dr. Peter Erath ist überzeugt: »Jedes Kind braucht wenigstens einen Erwachsenen, zu dem es eine vertrauensvolle, verläßliche menschliche Beziehung aufbauen kann ... auch der Vater oder eine ganz andere Person kommen dafür in Frage.«[8]
Nützlich sei für Kinder aus schwierigen Verhältnissen auch, so Emmy Werner, Hobbys und Talente zu haben, die es ihnen ermöglichen, guten Kontakt zu Gleichaltrigen, Schulkameraden und Nachbarskindern herzustellen, und die darüber hinaus für ihr Können von Erwachsenen auch noch gewürdigt werden. Gerade wenn Kinder älter werden, ist die Verzahnung in der Clique Gleichaltriger wichtiger als die enge Bindung an einen Elternteil. Freunde in Jugendgruppen oder Sportvereinen können vieles ausgleichen, was im Elternhaus zu kurz kommt. Auch die amerikanische Untersuchung beweist, daß die Berufstätigkeit einer Mutter, erst recht, wenn sie sich in ihrer freien Zeit verständnis- und liebevoll um ihr Kind kümmert, keine Ursache für eine Fehlentwicklung sein kann. Werner hat darüber hinaus noch weitere Aspekte

herausgearbeitet, welche Kinder trotz problematischer Beziehungen gut zurechtkommen. Dabei sind genetische Voraussetzungen in der Bedeutung nicht zu unterschätzen. Genetisch bedingte Grundhaltungen gelten als entscheidend dafür, ob ein Kind diese hilfreichen Kontakte überhaupt herstellen kann und will. Ausschlaggebend sei beispielsweise auch, ob ein Kind optimistisch oder eher pessimistisch veranlagt sei. Beweise dieser Ergebnisse liefert die Zwillingsforschung. Im Extremfall sieht die Entwicklung von Zwillingskindern unter gleichen Voraussetzungen so aus: Der eine ist Olympiasieger im Skispringen, der andere hängt an der Flasche und hat Haus und Hof versoffen. Nimmt man die genetischen Voraussetzungen ernst, wird auch erklärbar, warum Kinder aus besten Verhältnissen trotzdem im Leben straucheln oder sich schwertun.

Ähnlich wie die amerikanische Professorin Emmy Werner, nur auf anderen Wegen untersucht, bestätigt der New Yorker Anwalt und Kriminalautor Andrew Vachss, der immer wieder auf die Chancenlosigkeit vieler Therapieversuche hinweist, diese Thesen. Vachss beschäftigt sich seit 30 Jahren als Sozialarbeiter, Rechtsanwalt und Autor mit Kindesmißhandlungen. In einem Interview im Stern 4/94 sagt er auf die Frage, was aus Kindern werde, die in ihrer Kindheit sexuell mißbraucht worden seien: »Aus dem einen mißbrauchten Kind wird ein Mörder, aus dem anderen ein Sozialarbeiter. Kindesmißbrauch drängt das Kind in eine Richtung, aber es zwingt niemanden, später das gleiche zu tun.«

Vachss erwähnt eine kanadische Studie an Gewaltverbrechern: Die eine Gruppe wurde »durchtherapiert«. Gruppen-, Gesprächs- und Verhaltenstherapie wurden angeboten, es wurde alles unternommen, was möglich war, um diese Kriminellen nachträglich zu sozial verträglichen Mitmenschen zu formen. Die andere Gruppe wurde wie normale Gefangene behandelt. Das Ergebnis nach 20 Jahren: In beiden Gruppen gab es gleich viel Rückfälle. Diese Untersuchungen an Extrembeispielen bestätigen laut Stern die These, daß es nicht nur Erziehung ist, die den Menschen formt. Erziehung bedeutet eher, Möglichkeiten bereitzustellen, Bedingungen und Herausforderungen zu ermöglichen, die der Persönlichkeitsentwicklung dienlich sind. Im genannten Fall war das bei erwachsenen Straftätern eine Therapie. Doch was davon angenommen wird, was willig gelernt oder wieder verlernt wird, liegt nicht in der Macht der Therapie, sondern im Charakter und der Persönlichkeit dessen, der das Angebot annimmt und etwas für sich daraus macht.

Auf Kinder übertragen heißt das, wie Erath es formuliert: »... sich darauf einlassen können, mit dem Kind ein Stück seines Weges gemeinsam zu gehen und zu akzeptieren, wie es ihn letztlich selbst gestaltet. Ein hübsches, gescheites und wohlhabendes Endprodukt zu erhalten, darf jedenfalls nicht Grund und Ziel des Kinderwunsches sein.«[9]

Ein prominentes Beispiel, wie man ohne eigene Familie ein gesunder, lebenstüchtiger und erfolgreicher Erwachsener werden kann, ist der amerikanische Entertainer, Schauspieler, Sänger und Moderator Ron Williams. Seine Mutter, eine Konzertpianistin, erwartete ihn unehelich und gab ihn weg. Er landete in einem Kinderheim und durchlief in seiner Kindheit und Jugend, unterbrochen von Aufenthalten bei Verwandten, noch weitere sechs

Heime. Es war eine extrem harte Zeit. »Ich drückte mir abends immer das Kissen aufs Gesicht, die Tränen liefen, und ich betete zu Gott, bitte gib mir eine Mama.« Schließlich wurde er mit 16 von einer gläubigen Tante aufgenommen, die sagte: »Du sollst wenigstens die zwei Jahre, bevor du ein Mann bist, noch ein Zuhause haben.«

Ron Williams ist weder kriminell, noch drogenabhängig, verstört, depressiv oder lebensuntüchtig. Im Gegenteil, der glückliche Ehemann und Vater eines Sohnes startete eine für einen Amerikaner in Deutschland beispiellose Karriere. Heute macht er in seinen Sendungen Kindern aus schwierigen Verhältnissen Mut: »Du schaffst es trotzdem. Wenn du keinen Vater und keine Mutter hast, such dir Freunde. So habe ich es auch geschafft.«

Mona, 35, Grafik-Designerin, selbständig
»Mein Vater war meine Vertrauensperson – meiner Mutter verdanke ich meine Selbständigkeit«

Ich bin Einzelkind. Meine Mutter ist Schneiderin und Direktrice und hat gleich nach meiner Geburt teilzeit weitergearbeitet. In einer Schneiderei, die Modellkleider anfertigte. Ich wurde in einem Wäschekorb mitgenommen, und der stand dann immer in der Schneiderei. Als ich drei war, hat sie wieder voll gearbeitet. Sie nahm mich viel mit.

Später kam ich in einen privaten Kindergarten, erst halbtags, dann ganztags. Meine Großeltern hatten mich auch manchmal. Mit sechs kam ich in die Schule, danach ging ich zu Oma. Wenn Mutti nach Hause kam, haben wir sie immer von der Bahn abgeholt.

Meine Mutter hatte Spaß an ihrem Beruf und wollte auch

eigenes Geld verdienen. Mein Vater war beruflich viel unterwegs, manchmal tagelang. Verantwortlich für meine Erziehung war meine Mutti. Wenn ich sie beschreiben sollte, würde ich sagen, ihre Hauptzüge sind: praktisch, liebevoll, offen. Sie ist bis heute jung geblieben und aktiv. Sie hat immer einen Teil ihres eigenen Lebens behalten, sich nie ganz für Mann und Kind aufgeopfert, und ich denke, sie war ein gutes Vorbild für mich.

Nach der Schneiderei hat sie in einem großen Textilhaus angefangen. Im Einzelhandel wird ja samstags gearbeitet. Ich habe es genossen, wenn Mutti weg war und ich Vati alleine hatte. Das war für mich ganz toll. Daran erinnere ich mich noch sehr genau. Mutti ging früh zur Arbeit, ich habe mich in Muttis Bett gekuschelt, und dann haben wir richtig ausgeschlafen. Bis halb drei gehörte Papi mir. Mein Vater hat sich um mich gekümmert, aber es war ja früher so, daß die Mütter die Haupterziehungsarbeit leisteten und die Väter so nebenbei da waren. Bei mir war es so, daß mein Vater derjenige war, mit dem ich alles besprochen habe. Mein Vater war meine Vertrauensperson bis zur Pubertät. Dann hat sich das gewandelt, da wurde es meine Mutter. Vater war abgemeldet.

Daß meine Mutter Schuldgefühle gehabt hätte, weil sie den ganzen Tag weg war, daran kann ich mich nicht erinnern. Meine Mutter ist eine Frau, die immer alles gut geregelt bekam und auch gute Ideen entwickelte. Wenn es Probleme gab, hat sie von früh an alles mit mir ausdiskutiert. Ich kann mich zwar nicht daran erinnern, aber sie hat mir erzählt, sie hätte mich gefragt, ob ich etwas dagegen hätte, daß sie arbeitet. Und ich fand das auch deshalb toll, weil ich immer mit durfte. Meine Mutter hat gesagt: »Ich habe nunmal eine Tochter, die kann und will ich nicht irgendwo abstellen, die kommt mit.« Es hatte auch nie jemand etwas dagegen. Sogar beim Einstellungsgespräch in dem großen Textilhaus war ich dabei.

Auch später war es so, daß ich nach der Schule selbstverständlich dort auftauchte, mich mit meiner Mutti besprochen habe, wenn ich Sorgen hatte, und auch mal eine Stunde dort überbrückt habe. Das wurde akzeptiert. Die kannten mich alle, sogar der Abteilungsleiter.

Irgendwann waren Oma und Opa nach der Schule nicht mehr in. Ich wollte lieber nach Hause. Da hat meine Mutti abends vorgekocht, und ich habe mir mittags das Essen warm gemacht.

Das einzige, was mir in der Situation übel aufgestoßen ist, war, daß die anderen Kinder mich geneckt haben. Die haben Schlüsselkind zu mir gesagt. Das fand ich nicht gut, und ich habe es auch nicht verstanden. Für mich war es normal. Meine Eltern haben mir vermittelt, daß sie mich liebhaben. Ich war ein Kamikaze-Kind. Zahn rausgehauen, Loch im Kopf, kaputte Kleider, aufgeschlagene Knie. Ich bin oft zerzaust nach Hause gekommen. Und meine Eltern haben mich so gelassen. Während meine Oma schon öfter gesagt hat: »Ein Mädchen tut das nicht.« Bei Oma sollte ich auch immer Kleidchen und Lackschuhe anziehen, was mir gar nicht gefiel.

Ich fühlte mich bei meinen Eltern behütet, und meine Mutter war immer da für mich. Das hatte nichts damit zu tun, daß sie tagsüber weg war. Es war die Qualität ihrer Erziehung. Heute, im Nachhinein, finde ich, daß ich der Erziehung meiner Eltern sehr viel verdanke, vor allem Selbständigkeit. Und ich bin ein Mensch geworden, der gern allein ist.

Meine Eltern haben mich mit drei schon allein zu Hause gelassen und sind ins Kino gegangen. Das hört sich jetzt wild an, aber das konnte man mit mir machen. Meine Eltern haben das trainiert. Das hat angefangen mit zehn Minuten Spaziergang und sich dann langsam gesteigert. Ich war stolz, daß das ging. Ich kann mich nicht erinnern, Angst gehabt zu haben. Meine Mutter hat mir mal erzählt, man mußte mir klipp und klar sagen, was Sache ist. Wenn ich wußte, was meine Eltern machten, wo sie waren und wann sie wiederkommen, war das für mich in Ordnung. Ich habe dann ruhig geschlafen.

Heute denke ich, das kann man sicher nicht verallgemeinern und auf jedes Kind übertragen. Aber für mich war das okay. Ich finde sowieso, jeder muß das nach seinem Gefühl entscheiden, wie er mit seinem Kind umgehen will. Und wenn ich heute höre, wie Müttern ein schlechtes Gewissen gemacht wird, sage ich, schön dumm, daß sie sich dieses Paar Schuhe überhaupt anziehen. Kritik gibt es immer wieder. Frauen machen ja sowieso alles verkehrt. Ob sie nun fünf Kinder bekommen und zu Hause bleiben oder ein Kind und das zur Tagesmutter geben oder ob sie einen Mann heiraten, der schon zwei Kinder hat, und dafür auf ein eigenes verzichten, wie ich das gemacht habe, es ist immer verkehrt. Egal, was du als Frau tust, immer eckst du irgendwo an. Ich finde, jede Frau sollte das so machen, wie sie es für sich am besten findet.

Mir hat die Berufstätigkeit meiner Mutter nicht geschadet. Es gab zwei Grundsätze zu Hause, die mir heute allerdings teilweise Probleme bereiten. Erstens bin ich nicht als Mädchen erzogen worden, sondern als Mensch. Zweitens bin ich zu großer Selbständigkeit erzogen worden. Das bereitet mir insofern Probleme, als ich häufig als unangenehm stark empfunden werde. Als sehr dominant. Bin ich sicher auch, aber nie im bösen Sinne. Und was ist verkehrt daran? Ich höre oft: »Du wärst besser ein Junge geworden.« Gemeint ist: Du verhältst dich männlich, und für einen Jungen würde das passen. Aber nicht für eine Frau.

Und das nervt mich ab und zu. Ich finde das anstrengend. Ich finde, es ist ein gesellschaftliches Problem, daß mit zweierlei Maß gemessen wird. Ich habe das Bestreben, unabhängig zu sein. Habe immer mein eigenes Auto gehabt, eigenes Geld sowieso, immer eine eigene Wohnung. Und wenn ich ein Kind bekäme, würde ich auf jeden Fall weiter in meinem Beruf arbeiten. Ich möchte immer die Zügel für mich in der Hand behalten, und das gibt permanent Diskussionen. Was für Männer okay, ja sogar erstrebenswert und selbstverständlich ist, gilt für Frauen noch lange nicht. Das ist nicht in Ordnung.

Glückliche Mütter – glückliche Kinder

Das Psychologenpaar Ute Ehrhardt und Wilhelm Johnen schreibt: »Wir behaupten: Eine gute Mutter sind Sie auch (oder gerade dann), wenn Sie Zeit und Raum für sich fordern und in Anspruch nehmen. Das Gute einer Mutter mißt sich nicht an der uneingeschränkten Verfügbarkeit für die Familie. Eine Frau kann auch eine schlechte Mutter sein, wenn sie ihre Kinder fortwährend umkreist. Wenn Sie zuerst für sich da sind und erst danach entscheiden, ob, wann und wie Sie für ihre Kinder dasein wollen, dann schaden sie ihren Kindern in keinem Fall. Im Gegenteil – sie nützen ihnen. Ihre Kinder lernen: Mutter ist ein selbständiger Mensch, sie verfolgt auch eigene Interessen. Daß sie das tut, ist ein selbstverständliches Menschenrecht. So empfinden Kinder das Recht auf ein eigenes selbstbestimmtes Leben als natürlich. Töchter werden später freier in ihrer Entscheidung für einen eigenen Lebensstil als ihre Mütter.«[10]

Auch die Psychologin Eva Wlodarek stellt fest, daß Mutters Zufriedenheit wichtiger für die Entwicklung ihres Kindes ist, als die Tatsache, ob sie arbeitet oder nicht. Und daß eine glückliche, zufriedene, offene, aktive, berufstätige Mutter ihrem Kind sicherlich mehr geben und vermitteln kann als eine unzufriedene Vollzeitmutter. Umgekehrt gilt das natürlich auch. Eine zufriedene Vollzeitmutter wird ihr Lebensgefühl ebenso auf ihr Kind übertragen.

Sandra Scarr hat darüber hinaus festgehalten: Berufstätigkeit kann sich auf die psychische Verfassung der Mutter und ihrer Familie positiv auswirken. Berufstätige Mütter, die ihre Arbeit mögen, sind anpassungsfähiger und glücklicher, neigen weniger zu Depressionen als Vollzeitmütter. Auch dann, wenn diese gern bei ihren Kindern zu Hause bleiben würden. Besonders in Scheidung lebende oder geschiedene Mütter – und das ist in jeder dritten auf dem Lande und jeder zweiten Beziehung in der Stadt der Fall – sind mit Beruf weit besser dran als ohne.

Die am wenigsten anpassungsfähigen und die unglücklichsten Frauen sind Mütter, die zu Hause sind, jedoch viel lieber berufstätig wären. »Nichtberufstätige Mütter, die gern aus dem Haus kämen und arbeiten würden, sind die frustriertesten und depressivsten Mütter überhaupt. Sie fühlen sich einsam und wie in einer Falle, ohne Selbstbewußtsein und innerlich zerrüttet. Depressive Mütter haben einen deprimierenden Einfluß auf ihre Kinder.«[11] Waltraut Kruse, Professorin für Allgemeinmedizin an der TH Aachen, Psychotherapeutin und Mutter von vier Kindern hat herausgefunden: daß »berufstätige Mütter in der Regel aufgeschlossener sind und ihren Kindern mehr Spielraum einräumen«. Eine Studie, die Jürgen Collatz und Henning Borchert von der Abteilung Medizinische Soziologie der Medizinischen Hochschule Hannover gemacht haben, kommt, was Hausfrauen-Mütter angeht, zu dem Ergebnis: Keine Bevölkerungsgruppe ist seelisch und gesundheitlich so belastet wie Nur-Mütter. Nicht etwa Frauen, die neben ihrem Beruf auch noch Kinder, Haushalt und Partner unter einen Hut bringen, sind am meisten belastet. Stark und dauerhaft überfordert sind die Frauen, die ihren Beruf für Kinder und Haushalt aufgegeben haben.

Was Kinder brauchen

Deine Kinder sind nicht Deine Kinder,
sie sind die Söhne und Töchter
der Sehnsucht des Lebens nach Dir selbst.
Sie kommen durch Dich, aber nicht von Dir,
obwohl sie bei Dir sind, gehören sie Dir nicht.
Du kannst ihnen Deine Liebe geben, aber nicht
Deine Gedanken; denn sie haben ihre eigenen Gedanken.
Du kannst ihrem Körper ein Heim geben,
aber nicht ihrer Seele, denn ihre Seele wohnt im
Haus von morgen, das Du nicht besuchen kannst,
nicht einmal in Deinen Träumen.
Du kannst versuchen, ihnen gleich zu sein,
aber nicht, sie Dir gleich zu machen,
denn das Leben geht nicht rückwärts
und verweilt nicht beim gestern.
Du bist der Bogen, von dem Deine Kinder
als lebende Pfeile ausgeschickt werden.
Laß Deine Bogenrundung in der Hand
des Schützen Freude bereiten!
Khalil Gibran

Interview mit der Hamburger Kindertherapeutin
Dr. Veronika Windsor-Oettel

Jede Mutter will das Beste für ihr Kind. Was ist das Beste?

Das wunderbare Gedicht des Arabers Khalil Gibran ist – wie jedes gute Gedicht – nur stückchenweise zu verstehen. Dafür ist es jahrelang Nahrung. Wichtig daran erscheint mir der Aspekt, daß Frauen sich nicht so sehr um ihre Kinder kümmern sollten, sondern um sich selbst. Die Früchte der Mutter sind nicht ihre Kinder, sondern ihre eigene Person. Wenn man das ernst nimmt, ist auch die Selbstverwirklichung einer Frau durch Berufstätigkeit etwas Selbstverständliches.

Worum es immer wieder geht: Brauchen Kinder über Jahre die ausschließliche Anwesenheit der Mutter?

Nein, kein Mensch braucht über Jahre die ausschließliche Anwesenheit eines anderen Menschen. Auch ein Baby nicht. Wenn man guckt, wie Frauen früher oder in anderen Kulturen Kinder aufgezogen haben, sieht man eindeutig, daß Mutter und Kind nicht rein biologisch aufeinander geprägt sind wie die Gänse von Konrad Lorenz.

Es gibt ja auch die Beispiele aus den Kibbuzim. Es ist nicht so, daß Kinder unbedingt ihre biologische Mutter brauchen. Genausowenig, wie sie immer ihren biologischen Vater brauchen. Kinder haben bestimmte Phasen mit bestimmten Bedürfnissen, und diese Bedürfnisse müssen befriedigt werden. Wenn der Säugling schreit, braucht er Wärme, Körperkontakt, etwas zu essen, frische Windeln oder hat Bauchweh und muß massiert werden. Es ist nicht entscheidend, daß das die Mutter macht, sondern es ist erst einmal entscheidend, daß das jemand zuverlässig macht.

Muß das immer die gleiche Person tun?

Nein, natürlich nicht. Wenn ein Kind mit acht Monaten in die Fremdelphase kommt, macht es deutlich, daß es genau unterscheiden kann, wer zu seinen vertrauten Personen gehört und wer nicht. Bei Untersuchungen mit Säuglingen ist es jedoch sehr schwer, Reaktionen eindeutig Gefühlszuständen zuzuordnen. Das heißt, wir können nicht sicher sein, daß wir die Babys mit ihrem Verhalten richtig verstehen. Die Sprache können wir nicht einsetzen, denn das Baby kann nicht antworten. Selbst wenn wir annehmen, daß ein Säugling seine Mutter an der Stimme, am Geruch oder am Gesicht wiedererkennen kann und sie die einzige ist, bei der er nicht fremdelt, darf daraus nicht der Schluß gezogen werden, sie sei die wichtigste Bezugsperson. Man kann daraus nur schließen, daß sie es bisher war. Die Interpretation von solchen Untersuchungsergebnissen hat viel mit den gesellschaftlichen Vorstellungen und mit dem Muttermythos zu tun. Es ist wichtig, daß das Kind eine begrenzte Anzahl zuverlässiger Bezugspersonen hat. Es muß nicht die biologische Mutter sein.

Wieviel Personen kann ein Kind verkraften?

Diese Frage ist mit einer Zahl nicht zu beantworten. Denken Sie nur an die Großfamilien früher. Oder an kinderreiche Familien. Ich bin als sechstes von sieben Kindern geboren worden. Bei uns war häufig noch ein Kindermädchen oder die Großmutter mit in der Familie. Also praktisch immer zehn Personen. Ich kann mich nicht erinnern, darüber verwirrt gewesen zu sein oder

Namen verwechselt zu haben. Im Gegenteil: Ich hatte ein großes Gefühl von Sicherheit, weil immer jemand im Haus war. Für ein Kind ist es wichtig, daß es überschaubar viele Personen sind, auf die es sich verlassen kann. Kinderheime mit wechselnden Erziehern und wechselnden Kindern sind eine Katastrophe. Ihnen wurden beispielsweise die SOS-Kinderdörfer entgegengesetzt. Wegen der Konstanz der Bezugspersonen.

Ist es denn gut für ein Kind, viele Bezugspersonen zu haben?

Es ist eine große Chance. Verschiedene Erwachsene zu haben, unterschiedliche Bezugspersonen, wie das in kompletten Familien der Fall ist, ist für das Kind eine Bereicherung. Wenn das Kind weiß, mit Papa darf ich das, mit Mama darf ich das, für das eine gehe ich lieber zu dem, für das andere zu dem, und dann gibt es auch noch einen Opa, eine Oma, das ist eine Erweiterung für das Kind. Etwas größere Kinder können ihre Emotionen auch verschieben und auf den Abend verlagern. Dann können sie sich ihre Kuschelstunden bei den Eltern nehmen.

Und was ist mit den ganz Kleinen?

Die haben noch nicht so stark die Persönlichkeit des Erwachsenen im Blick, bei ihnen kommt es zuerst noch auf Körperkontakt an und darauf, daß man ihnen aufhilft, wenn sie gefallen sind, und sie tröstet, wenn sie Kummer haben. Für Babys ist es im Prinzip auch egal, ob da drei oder zwei oder ein Erwachsener um es herumtanzen. Die

Hauptsache ist, es wird seinen Bedürfnissen entsprechend gut versorgt.

Ist es egal, wie die Bedürfnisse des Kindes befriedigt werden?

Für Kinder ist es wichtig, daß die Bedürfnisse in ähnlicher Art und Weise befriedigt werden. Wenn fünf Leute seine Bedürfnisse immer auf andere Art befriedigen, wird es verwirrt. Kinder lernen natürlich auch, die Blonde macht es so, die Dunkle so und die Rothaarige macht es so. Die Frage ist, ob man von einem Kind fordern sollte, daß es sich in zig verschiedenen Normsystemen zurechtfinden soll. Das Kind hat es leichter, wenn bestimmte Regeln klar sind.

Worauf sollte man bei der Tagesmutter achten?

Wenn das Kind eine Tagesmutter hat, würde ich dafür sorgen, daß die Tagesmutter das für mein Kind tut, was ich auch täte. Wichtig für die berufstätige Mutter ist, daß sie weiß, die Ersatzmutter hat ähnliche Werte wie sie.
Das heißt, wenn sie dem Kind noch eine Windel umtut, soll das bei der Tagesmutter auch so sein. Wenn sie ihr Kind tröstet, wenn es hingefallen ist, sollte die Tagesmutter das auch tun. Sie sollte die Bedürfnisse des Kindes ähnlich sehen. Aber sie muß – wie gesagt – nicht identisch handeln. Das ist für das Kind auch wieder eine Chance. Wenn die Palette breiter ist, ist das eine Erweiterung für das Kind.

Viele Experten behaupten, die Mutterbindung sei biologisch.

Es ist sehr umstritten, ob die Mutterbindung eine Prägung qua Natur ist. Ich denke, da man ja weiß, daß Kinder schon im Uterus Wahrnehmungen haben, daß das Kind mit seinen Fähigkeiten seine Mutter wahrnimmt und erkennt. Darum ist es für ein Kind etwas Vertrautes, wenn es die Stimme der Mutter hört. Sie hat einen Wiedererkennungswert. Auch die Körperbewegung der Mutter ist für ein Kind etwas Bekanntes. Das heißt aber nicht, daß ein Kind in einen Abgrund stürzt, wenn es den Vater oder eine Tagesmutter statt der Mutter hat. Wir reden ja nicht über Waisenkinder mit ihren oft traumatischen Erlebnissen von einem unerklärbaren, unwiederbringlichen Verlust, sondern wir reden darüber, daß die Mütter sich für Stunden von dem Kind entfernen.

Berufstätige Mütter haben häufig Angst um ihre Bindung zum Kind.

Das ist ein Besitzproblem von Müttern in unserer Gesellschaft, das durch die hier herrschende Mutterideologie erzeugt wird. Ich denke, daß Berufstätigkeit letztlich auch eine Chance ist, zu begreifen, daß Mütter nicht qua Biologie die Liebsten für das Kind sind, daß sie die Liebe ihrer Kinder genau wie alle anderen verdienen müssen. Es ist doch viel schöner, eine Partnerschaftlichkeit zu erreichen, wo das Kind freiwillig zur Mutter kommt. Das erstrebenswerte Ziel für Frauen sollte sein, daß die Mutter spätestens in der Pubertät auch Partnerin sein kann und nicht die Mutterglucke.

Berufstätige Mütter haben oft das Gefühl, sie verbringen zuwenig Zeit mit ihren Kindern.

Das wird ihnen eingeredet. Zum einen muß unterschieden werden zwischen den Zeiten, die ein Elternteil sich dem Kind direkt widmet und denen, in denen er nur in Rufbereitschaft ist. Zum anderen muß beachtet werden, daß die Kinder sich auch außerhalb des Hauses und ohne Mütter in Spielgruppen, Kindergärten, Schulen aufhalten. Es gibt eine Untersuchung, die besagt, daß Vollzeitmütter sich acht Stunden und die Väter sich zwei Stunden täglich um die Kinder kümmern. Bei berufstätigen Müttern wurden 5,6 und den Vätern 4,6 Stunden ermittelt (im Wochenschnitt). Dies bedeutet, daß ein Kind berufstätiger Eltern nicht nur sehr viel mehr (fast 3mal soviel) Zeit mit dem Vater verbringt, was für die Geschlechtsrollenfindung wichtig ist, sondern auch in der Summe etwas mehr Zeit der Eltern bekommt als bei Vollzeitmüttern. Wenn es ein gesellschaftliches Anliegen ist, daß Kinder viel Zeit mit ihren Müttern verbringen sollen, frage ich mich, warum Kindergarten- und Schulzeiten nicht mit den Arbeitszeiten zumindest von Teilzeitarbeitsplätzen koordiniert werden.

Wodurch nimmt ein Kind seelischen Schaden?

Das ist eine schwierige Frage. Es werden oft solche Begriffe gebracht wie »es fühlt sich nicht sicher« oder »es nimmt seelischen Schaden«. Aber was ist denn eigentlich dieses Sicherfühlen oder Schadennehmen? Was ist denn das konkret? Viele Begriffe werden verwandt, aber nicht erklärt und spezifiziert. Und in den Köpfen berufstätiger

Mütter entstehen dann leicht solche Bilder: Ich bin x Stunden am Tag weg, dadurch wird mein Kind ein seelischer Krüppel. Was sich an einem Kind beobachten läßt sind beispielsweise Ängstlichkeit oder Sicherheit. Ausdrucksformen dafür sind Weinen, Schweigen, Passivität und umgekehrt Aktivität, Entdeckungsfreude, Kommunikationsfähigkeit. Aber jedes Kind ist anders und wird mit anderen Eigenschaften geboren. So ist nicht jedes stille Kind unglücklich und nicht jedes aktive glücklich. Wichtig ist der Austausch von Beobachtungen und Sorgen mit anderen Erwachsenen, die Kontakt zum Kind haben. Man kann sagen, ein Kind nimmt unter Umständen seelischen Schaden durch Lieblosigkeit und der daraus folgenden Mißachtung der kindlichen Grundbedürfnisse (körperliche Unversehrtheit, Nahrung, emotionale Zuwendung, intellektuelle Förderung).

Was ist eine gute Mutter?

Wir haben speziell in unserer Gesellschaft den wahnsinnigen Normendruck vom Klischee der guten Mutter. Das ist etwas, was die Mütter insgesamt total fertig und den berufstätigen Müttern ein schlechtes Gewissen macht. Wenn die berufstätige Mutter ihre Nachbarin sieht, die mit ihrem drei Monate alten Säugling zum Babyschwimmen geht – was umstritten und meines Erachtens völliger Quatsch ist, weil man im Babyalter nicht richtig schwimmen lernt –, bekommt sie ein schlechtes Gewissen und denkt schuldbewußt, das ist etwas, was ich meinem Kind nicht biete. Ich bin keine gute Mutter. Sie bekommt das Gefühl, etwas versäumt zu haben und dem Kind nicht alles zu ermöglichen, was es optimal fördern würde. Es wird Müttern häufig eingeredet, daß eine gute Mutter nicht an sich, sondern nur an die Kinder und den Mann denkt. Dies halte ich für das Grundübel vieler Probleme, die Mütter haben, bis hin zu Kindesmißhandlungen. Eine Frau, die ihre eigenen Bedürfnisse wahrnimmt und dann mit sich und der Welt zufrieden ist, wird eine gute Mutter sein.

Müssen Kinder wirklich soviele verschiedene Dinge lernen, wie das heute von früh an gefordert wird?

Diese ganzen Aktivitäten, die im Freizeitbereich angeboten werden, zum Beispiel daß ein Kind schon im Grundschulalter Tennis spielen muß, dieser Zeitdruck, du mußt es früh machen, Steffi Graf hat auch schon mit fünf den Schläger gehalten, diese Anspruchshaltung ist eher schädlich als förderlich. Sie ist ein großer Druck für Mutter und Kind. Das geht schon los, wenn das Kind noch nicht auf der Welt ist. Schon in der Schwangerschaft wird gefordert, sich so zu verhalten, daß die Mutter dem Kind alle Chancen gibt, ein Crack zu werden. Oder sobald ein Kind A oder B sagen kann, denkt man, es ist musisch begabt und muß einen Musiklehrer haben. Und dann soll es möglichst bei der nächsten Feier öffentlich spielen können, denn das rechtfertigt den Einsatz der Mutter. Wieviel Spiele gibt es noch im Kindergarten, die zweckfrei sind? Wo das Kind um des Spielens willen spielt? Wie oft wird dem Kind statt dessen ein Puzzle untergeschoben, ein Farbzuordnungsspiel, ein Zahlenspiel, um die Intelligenz zu fördern?

Nach diesen Normen sind Hausfrauen natürlich im Vorteil.

Aber Hausfrauen haben auch noch mehr Druck, weil sie mehr Zeit haben, ihre Kinder zu fördern. Ich halte das ideologisch für völligen Quatsch, Kinder von früh an ständig zu fordern oder zu »fördern«. Es steht in keiner Relation zu dem Ergebnis. Es gibt bestimmte Grundbedürfnisse – auch im intellektuellen Bereich –, die müssen erfüllt werden. Was darüber hinaus heute passiert, ist großer Humbug und macht Mütter und Kinder verrückt. Kinder sollten viel stärker ihrem Spiel- und Entdekkungstrieb folgen und Mütter ihren eigenen Bedürfnissen. Dann wären beide glücklicher.

Was für ein Mutterbild steckt dahinter?

Die Mutter, die Dienerin. Was für ein Mutterbild bekommt ein Kind mit, wenn Mutter von morgens bis abends auf dem Teppich mit rumkrabbelt und komische Töne macht? Die Mutter selbst bekommt die Deprivationserscheinungen, die sie beim Kind verhindern will. Es ist doch auch wichtig für ein Kind, zu sehen, meine Mutter ist ein von mir unabhängiger Mensch, der sich auch mal abgrenzt und sagt, so hier bleibst du außen vor.
Dafür ist hier etwas, das hast du nur für dich. Mütter machen sich selbst durch ihr fürsorgliches Verhalten abhängig von den Kindern, und dann fallen sie in ein Loch, wenn die Kinder aus dem Haus gehen.

Ist das Mutterbild für Söhne und Töchter gleichermaßen wichtig?

Es ist für Töchter wichtiger. Denn die Söhne haben die Väter als Identifikationsfigur, also einen zumindest scheinbar aktiven, extrovertierten Menschen. Für die Töchter, die sich ja mit den Müttern identifizieren, ist es wichtiger, daß diese arbeiten, weil die Töchter dann ein ganz anderes Frauen- und Mutterbild bekommen. Mütter, die arbeiten, haben ein anderes Selbstbewußtsein, als Hausfrauen. Die »Nur«-Hausfrau kann kein hohes Selbstbewußtsein haben, weil sie gesellschaftlich überhaupt nicht anerkannt ist. Deshalb vermittelt eine Frau, die berufstätig ist, der Familie finanziell und intellektuell etwas bieten kann, für die Tochter ein wesentlich besseres Rollenbild.

Ab wann wollen Kinder keine Bemutterung mehr?

Das ist von Kind zu Kind ganz unterschiedlich. Wenn eine Frau hellhörig ist, wird sie bemerken, wenn ihr Kind sich lösen will. Es gibt Kinder, die sagen mit drei Jahren, was sie anziehen wollen. Es gibt aber auch Kinder, die lassen sich noch mit sieben von der Mutter die Kleidung geben. Genauso ist das mit den Schularbeiten. Es gibt Kinder, die sagen, das mache ich lieber allein, und es gibt Kinder, die rufen noch mit 12 »Mama, hilf mir mal bei den Schularbeiten.« Es ist von Kind zu Kind unterschiedlich. Und das ist eine Gefahr der ganzen Eltern- und Erziehungsratgeber. Die gehen von einem normierten Kind aus, das es gar nicht gibt. Mütter, die auf dem Spielplatz sitzen und dort von anderen Müttern hören, was ihr Kind schon alles kann: es kann schon sitzen, es kann schon allein essen, es geht schon aufs Klo, die bekommen immer ein schlechtes Gewissen und fragen sich: Warum mein Kind noch nicht? Dabei sind Kinder einfach nicht gleich.

Was heißt das für Mutters Berufstätigkeit?

Es gibt Kinder, die sind ruhig, ausgeglichen, kommen gut zurecht, da können die Mütter sagen, kein Problem, ich gehe arbeiten, damit kommt mein Kind klar. So ist sicher die Mehrheit der Kinder. Dann gibt es aber auch Kinder, die sind übernervös, viel krank, allergisch, die fühlen sich todunglücklich, wenn sie aus dem Haus müssen. Wenn die Mutter dann sagt, ich habe ein schlechtes Gefühl, dieses Kind anderen zu überlassen, ich will das selber machen, dann sollte sie das tun. Das muß jede Mutter nach ihrem Gefühl und ihrer Familiensituation entscheiden. Man darf aber auch nicht vergessen, daß Kinder oft ein Verhalten spiegeln, das Mütter von ihnen erwarten. Erwartet die Mutter, daß das Kind traurig ist, wenn sie das Haus verläßt, ist die Wahrscheinlichkeit, daß das Kind diese Erwartung erfüllt, sehr hoch.

Für Mütter, die arbeiten, beginnt der Abnabelungsprozeß ziemlich früh.

Ja, diesen Müttern wird aber auch schnell bewußt: Das Kind ist nicht mein Eigentum und geht nicht zugrunde, wenn ich mal nicht da bin, sondern es ist ein selbständiges Wesen. Es kann auch ohne mich. Für jede Mutter kommt die Zeit des Abnabelungsprozesses, und immer ist er schmerzhaft. Der Zeitpunkt verändert daran gar nichts. Arbeitende Väter nabeln sich viel selbstverständlicher von den Kindern ab.

Woher kommt das Empty-Nest-Syndrom?

Es gibt Mütter, die entschieden haben, Vollzeitmütter und Hausfrau zu sein, und sich dabei nicht überlegt haben, daß dieses ausschließliche Mutter-Sein nur eine vorübergehende Phase in ihrem Leben ist. Sie vergessen schon mal darüber hinauszugucken. Was mache ich, wenn das Rund-um-die-Uhr-Kümmern nicht mehr nötig ist? Diese Frauen haben sich wie ihre Mütter vorgestellt, daß das alles ewig so weitergeht. Dabei ist es für jede Mutter wichtig, sich auf den Absprung der Kinder vorzubereiten. Zu verstehen, daß dieser Absprung der Kinder nichts mit ihnen oder Ablehnung der familiären Situation zu tun hat in dem Sinne, daß sie keine gute Mutter war, sondern daß es eine natürliche Sache ist, daß Kinder sich abnabeln und aus dem Nest flüchten. Mütter sollten frühzeitig überlegen, was sie für Hobbys, Arbeitswünsche und Talente haben und welche sinnvollen Möglichkeiten sie für sich sehen.

Was können Sie Müttern sagen, die morgens ihre Kinder schweren Herzens in fremde Hände geben?

Wenn Mütter schwer Abschied nehmen können, wenn sie ihre Kinder morgens in der Krippe oder bei der Tagesmutter abgeben, ist es häufig das schlechte Gewissen. Väter haben das nicht. Entweder definieren sich die Frauen zu stark über das Kind, oder aber es ist das Gefühl, das kann ich meinem armen Kind nicht antun. Diese innere Zerrissenheit kann das Kind spüren, selbst verunsichert sein oder ein Machtspiel daraus machen. Ein Kind hat eine wahnsinnige Macht über die Mutter, wenn es sich hinstellt und herzzerreißend brüllt. Damit kann dieses Kind den Arbeitstag der Frau total kaputt machen. Solche Machtspiele sind in diesen Interaktionen häufig. Das sollten Mütter sich vielleicht mal klarmachen. Auf der anderen Seite sollten sie überlegen: Will ich selbst arbeiten, oder sind das die Erwartungen der anderen? Will ich lieber Vollzeitmutter sein – mit allen Vor- und Nachteilen –, traue mich aber nicht, das zu sagen und durchzusetzen? Oder aber gebe ich das nervige Kind morgens wahnsinnig gern ab – nur paßt das nicht in mein Mutterbild? Darum muß ich (zur Strafe) mitleiden. Es gibt viele emotionale Gründe für das schwere Herz, aber nur wenige sachliche.

Alles bekommen immer die Mütter in die Schuhe geschoben.

Manchmal machen Kritiker es sich zu einfach. Ich habe oft erlebt, daß Mütter zu Unrecht den Schwarzen Peter bekommen. Ich frage, warum lastet man es den Müttern an, wenn sie ambivalente Gefühle haben? Warum nimmt man nicht die Gesellschaft aufs Korn, die berufstätigen Müttern suggeriert, daß sie Rabenmütter sind, wenn sie ihre Kinder abgeben? Ich möchte Mütter nicht als Täterinnen zur Verantwortung ziehen. Mütter haben ihre eigene Geschichte und handeln häufig, wie sie es gelernt haben, wie es ihnen gesagt wurde. Wenn es offiziell hieße, du bist eine tolle Frau, weil du dich entschieden hast, trotz deiner Kinder berufstätig zu sein, und du bist ein wundervolles Vorbild für deine Kinder, dann würden sich Mütter nicht soviele negative Gedanken machen. Selbst, wenn es nur hieße, egal, wie du dich entscheidest, wenn du dich mit vollem Herzen entscheidest, bist du eine tolle Frau. Wieviel Schuldgefühle könnte man den Müttern nehmen! Dann könnten Mütter locker sagen, hier Kind, geh zu Tante Lotti, ich hole dich in acht Stunden wieder ab. Doch die Ambivalenz der Mütter und damit das ständige schlechte Gewissen sind gesellschaftlich produziert. Mütter können sich gerade hier bei uns in Deutschland verhalten, wie sie wollen, sie haben immer den Schwarzen Peter. Oder haben Sie schon einmal erlebt, daß die Berufstätigkeit des Vaters als Erklärung für kindliches Fehlverhalten herangezogen wurde?

Hat es auch etwas mit der Kleinfamilie zu tun?

Natürlich. Was stark ins Gewicht fällt, ist, daß man nur noch ein oder maximal zwei Kinder hat. Da konzentriert sich die ganze Aufmerksamkeit auf dieses eine Kind, man will alles erleben, denn man hat es ja nur einmal, und wenn man den ersten Schritt, das erste Wort, das erste »Mama« verpaßt, hat man das Gefühl, man hat etwas völlig Unwiederbringliches verpaßt. Das veranlaßt Mütter auch zu sagen, ich darf es nicht weggeben, ich darf da nichts verpassen. Mutter muß live dabei sein, Vater zeichnet das auf Video auf. Das beginnt schon beim ersten Ultraschall.

Durch diese Entwicklung sind viele Kinder heute kleine Prinzen und Prinzessinnen.

Genau, und mögliche spätere Probleme werden mit dem Kapital der Eltern schon heute ausgeräumt. Die Kinder müssen sich zuwenig selbst erarbeiten, erstreiten, erkämpfen, haben keine Ziele und keine Ideale. Das gipfelt darin, daß sie mit 17 den Führerschein machen, mit 18 mit dem Auto zur Schule fahren, und mit 19 bekommen sie von den Eltern eine Eigentumswohnung am Studienort geschenkt. Es paßt ja gar nicht in die heutige Ideologie, daß man sagt, ein Kind muß das allein schaffen. Es paßt, daß man ihm bis ins späte Erwachsenenalter hinein die Wege ebnet. Aber Kinder müssen sich auch mal stoßen, müssen auch mal Probleme bewältigen. Das Leben ist nicht glatt und eben, das Leben stellt einen täglich vor Herausforderungen und Konflikte, die zu bewältigen sind. Und wenn ein Kind das nicht früh lernt, fällt es ihm später um so schwerer.

Das Problem »Schwierige Kinder« wird vielfach diskutiert.

Eben, und das ist nicht, wie manche behaupten, entstanden durch berufstätige Mütter. Die schwierigen Kinder gibt es aus vielerlei Gründen. Abgesehen von sozialen Problemen, findet man auch immer mehr andere schädigende Bedingungen. In Amerika bemüht man sich seit Jahrzehnten, Allergene bei Kindern herauszufinden. Es handelt sich dabei um besondere Substanzen, die starke Verhaltensstörungen bewirken. Es gibt Kinder, die rasten aus, wenn sie dauernd Konservierungsstoffe zu sich nehmen. Diese Aspekte sind überhaupt noch nicht genug bekannt und untersucht. Ich denke, daß auch viel an den Umweltbedingungen liegt. Denken Sie an die Wohnsituation: Welche Kinder haben noch genügend Raum in der Wohnung und Bewegungsfreiheit draußen? Denken Sie an die Überreizung und das Lernen von unangemessenem Verhalten durch das Fernsehen, an die Überforderung durch die Freizeitindustrie, an den Wochenendstreß durch Punktspiele der Sportvereine. Es fehlen sinnvolle Normen und Ideale, Möglichkeiten für Kreativität, entspannende Aktionen ohne Leistungsaspekte, Ruhe und Besinnlichkeit. Es gibt viele Gründe, warum Kinder heute so schwierig sind, aber die liegen eher an der gesamtgesellschaftlichen Lage und den Bedingungen, die diese den Familien diktiert, als an der Berufstätigkeit der Mütter.

Welche Mütter sind denn wirklich problematisch für Kinder?

Die problematischen Mütter sind die, die meinen, zu Hause bleiben zu müssen, obwohl sie lieber arbeiten würden. Und die, die meinen, aus finanziellen Gründen arbeiten zu müssen, obwohl sie lieber zu Hause bleiben würden. Worauf es ankommt, ist die innere Zufriedenheit der Mütter mit dem, was sie tun. Die sogenannten unzufriedenen Mütter, die ihre Unzufriedenheit aber nicht zugeben können, weil sie dann gesellschaftlich nicht so akzeptiert wären, die rufen bei Kindern sicherlich schwieriges Verhalten hervor. Betrachtet man die Situation von Müttern allgemein, so kann kaum eine zufrieden sein, denn die meisten leben im Vergleich zu

Kinderlosen unter sehr viel schlechteren Bedingungen. Sie haben weniger Geld, kaum Zeit für sich, arbeiten entweder zehn Stunden am Tag ohne Lohn oder aber an zwei Arbeitsplätzen, sie werden für alle Pannen verantwortlich gemacht – und das ohne eine angemessene gesellschaftliche Anerkennung. Eine Vollzeitmutter erwartet trotz zahlreicher ehrenamtlicher Tätigkeiten an ihrem Lebensabend lediglich eine Minirente, die unter dem Sozialhilfesatz liegt.

Im Moment kippt es wieder in die Richtung, daß Frauen an den Herd gehören.

Die gesellschaftlichen Forderungen an Mütter richten sich bekannterweise immer danach, ob die Wirtschaft Frauen braucht oder nicht. Sehen Sie mal in die aktuellen statistischen Jahrbücher. Zur Zeit werden Fragen gestellt wie: Sollte eine verheiratete Frau auf eine Berufstätigkeit verzichten, solange es nur eine begrenzte Anzahl von Arbeitsplätzen gibt und solange ihr Mann in der Lage ist, allein für den Unterhalt der Familie zu sorgen? Allein, daß die Fragen so gestellt werden, finde ich diskriminierend. Das würde man einen Mann niemals fragen. Der hat das Recht auf Arbeit. Eine Frau scheinbar immer noch nicht. Diese Appelle, daß egozentrische Frauen ihren qualifizierten Arbeitsplatz doch besser einem Familienvater überlassen sollten, da sie ja sowieso versorgt seien – was für das Alter meist nicht stimmt – und vielleicht ja auch schwanger würden, sind unverschämt und diskriminierend.

Clarissa, 40, Journalistin, zwei Kinder
»Meine Mutter war ein wunderbares Vorbild«

Wenn meine Mutter uns in der Küche hörte, kam sie und fragte: »Macht ihr euch was zu essen? Dann macht mir mal was mit.« Seit ich mich erinnern kann, ist meine Mutter berufstätig. Wegen ihrer Kinder zu Hause zu bleiben, stand für sie nie zur Debatte. Für meine Mutter stand vor dem Kinderkriegen fest, daß sie ihren eigenen beruflichen Weg machen würde. Sie hatte eigentlich studieren wollen. Sie wurde dann aber Journalistin und Buchautorin, weil es sich so ergab.

Ich komme aus der DDR, und für mich war es völlig normal, daß meine Mutter berufstätig war, obwohl damals noch viele Mütter meiner Mitschülerinnen zu Hause blieben. Noch etwa die Hälfte waren es 1959 – als ich in die Schule kam.

Meine Mutter war freiberuflich tätig. Mit 20 hatte sie mich bekommen. Ihre feste Stelle allerdings hat sie sofort aufgegeben, um flexibler zu sein. Sie wurde rasende Reporterin bei einer Berliner Zeitung, tagsüber gedruckt, abends geliefert, ein schnelles Geschäft. Mein Vater war bei derselben Zeitung erst Redakteur und später Ressortleiter. Der hatte natürlich feste Arbeitszeiten und hat auch immer lange gearbeitet. Woran ich mich noch genau erinnern kann: Die Mutter meiner Freundin Annelore war Hausfrau, und wenn wir aus der Schule um die Ecke bogen, roch man schon, daß sie das Mittagessen gekocht hatte. Leckere Düfte aus der Bratpfanne krochen in meine Nase. Mein Magen knurrte immer heftig. Bei uns roch es nie, und manchmal wünschte ich mir fertiges Essen auf dem Teller. Annelore dagegen verzog immer das Gesicht und murrte: »Ich muß schon wieder essen, ich habe gar keinen Hunger. Jeden Tag essen, schrecklich.« Sie kriegte im Gegensatz zu mir ihre Mahlzeiten reingestopft und litt darunter, fand es total blöd, daß ihre Mutter sie schon erwartete. »Hände waschen, essen, Schularbeiten, los, los. Um alles kümmert sie sich. Nichts kann ich allein entscheiden. Immer ist sie da und kontrolliert. Ekelhaft.« Wenn ich nach Hause kam, war meist keiner da. Manchmal die Putzfrau, die sich aber nur ums Putzen gekümmert und nicht gekocht hat. Die konnte man allerdings fragen. Wenn ich wissen wollte, wie brät man denn jetzt ein Ei, hat sie gesagt: »Zuerst Fett in die Pfanne, wenn es geschmolzen ist, Ei rein.« Drei Tage die Woche war sie da, manchmal war auch meine Mutter da, aber auch zu Hause hat sie geschrieben. Ich sehe sie vor meinem inneren Auge auf der Wiese im Garten sitzen und schreiben. Wenn das Wetter es zuließ, hat sie draußen geschrieben. Und wir haben ihr dann etwas mitgekocht.

Es ging uns für damalige Verhältnisse recht gut. Wir hatten mit als erste ein Auto, wir hatten mit als erste einen Fernseher, wir hatten eine sehr große, schöne Vierzimmerwohnung. Aber während bei Annelore die Bratkartoffeldüfte um die Ecke zogen, hörten wir, wenn wir bei uns um die Ecke kamen, das Klappern der Schreibmaschine.

Mein Vater kam immer spät nach Hause. War also auch nicht für uns da. Für Alltagsdinge sowieso nicht. Dafür hat er als Ausgleich am Wochenende die ganze Familie bekocht. Das konnte er gut, während meine Mutter gar nicht kochen konnte. Mein Vater hat gekocht wie ein Profi, der konnte Burgunderbraten, Rehrücken, Lammkeule, die feinsten Sachen. Er hat auch selbst alles dafür

eingekauft. Und alles allein zubereitet. So waren die Familienwochenenden immer sehr intensiv für uns alle. Das hat uns für die Entbehrungen in der Woche entschädigt. Manchmal war ich neidisch auf Annelore, aber ich hätte nicht mit ihr tauschen mögen. Obwohl es bei uns nie Regelmäßigkeiten gab. Auch am Wochenende konnte es sein, daß meine Mutter einen Auftrag hatte, der dringend fertig gemacht werden mußte. Wir Kinder sind immer so mitgelaufen. Jedes Kind findet ja erstmal normal, wie es aufwächst, sofern die Situation nicht katastrophal schlecht ist. Für uns war beispielsweise völlig normal, was für viele Kinder undenkbar wäre, daß wir mit zehn Jahren allein früh aufgestanden sind, damit meine Mutter ausschlafen konnte. Ab einem bestimmten Alter hat sie uns nicht mehr geweckt, und wir sind auf Zehen geschlichen, damit sie nicht gestört wurde. Wir haben uns allein Frühstück gemacht oder, wenn die Zeit knapp war, sind wir ohne Frühstück gegangen.
In der Oberschulzeit hatte ich in der Schule oft Riesenhunger, weil ich morgens zu faul war, mir Brote zu machen. Lieber habe ich fünf Minuten länger im warmen Bett gelegen. Meine Banknachbarin Helga hatte eine Mutter, die alles gemacht hat, und die hatte immer vier Stullen und zwei Äpfel mit. Sie hat mich mitversorgt. Ihre Mutter hat sich nie gewundert, daß ihre kleine, zierliche Helga soviel ißt.
Eine Zeitlang gab es einen Schulhort mit Schulspeisung. Dieses Essen hat aber meistens ekelhaft geschmeckt, für meine Begriffe ungenießbar – durch meinen Vater waren wir ja verwöhnt. Meine Eltern haben uns die Marken gekauft, aber wir haben es nur in den seltensten Fällen wirklich gegessen. Mich hat man einmal gezwungen,

Mohrrübeneintopf mit fettem Fleisch zu essen, und da mußte ich mich übergeben. Das habe ich zu Hause erzählt, da hat meine Mutter gesagt, Schluß, aus, da ißt du nicht mehr. Mit einer anderen Mutter, die auch berufstätig war und für ihre drei Töchter vorgekocht hat, hat sie vereinbart, daß ich dort mitessen darf. Zwei Jahre lang bin ich mit den drei Mädchen nach Hause gegangen, und da haben wir uns das Vorgekochte aufgewärmt. Im Kühlschrank standen jeden Tag vier Schälchen Götterspeise oder Kirschkompott oder sonstwas Süßes. Wenn wir gegessen hatten, haben wir Schularbeiten gemacht.
Wir wurden zu Hause zwar unregelmäßig ernährt, aber es sind ja auch noch andere Dinge für Kinder wichtig. Und was die anging, hatten wir es mit unseren Eltern besser als andere Kinder. So waren sie stets Ansprechpartner. Sehr lebendige, engagierte, weil meine Eltern durch ihre Berufstätigkeit sehr offene Menschen waren. Wenn ich mit Schulproblemen, Hausaufgaben, Zank ankam, hatte meine Mutter dafür immer ein offenes Ohr und nahm sich Zeit. Sie hatte Tips und Ideen, wie ich mich verhalten könnte, wie ich einen Schulaufsatz angehen könnte, wie ich in der Klasse auftreten könnte oder wie ich einen Konflikt lösen könnte. Meine Mutter war da so engagiert, daß Freundinnen von mir, deren Mütter immer zu Hause waren, zu uns kamen und gesagt haben, sie müßten mal mit meiner Mutter reden.
Wenn meine Mutter sich uns zugewendet hat, hatte sie dabei Spaß und gute Laune. Sie kam nach Hause, hatte einen tollen Auftrag abgewickelt, ein gutes Honorar ausgehandelt, irgendein Erfolgserlebnis, und sagte: »Heute kaufen wir Sommerkleider ein.« Wumm, rein ins Auto, in den nächsten schönen Kleiderladen, und wenn mir ein

grünes, ein rotes und ein gelbes Kleid gefallen haben, hat sie gesagt: »Quak, die nehmen wir jetzt alle drei.« Hinterher sind wir Eis essen gegangen, und es war ein Festtag. Der Nachteil der Geschichte war, es war immer spontan. Man konnte sich nie darauf freuen, weil es nie hieß: »Nächste Woche Mittwoch gehen wir Kleider kaufen.«
Meine Mutter hat dennoch regelmäßig Highlights geschaffen, die sich ganz fest eingeprägt haben. Deswegen glaube ich, daß insgesamt bei mir ein positives Bild entstanden ist. Jedenfalls wollte ich es immer genauso machen wie meine Mutter. Ich kann mich an keine Situation erinnern, wo ich gedacht hätte, das tust du später deinen eigenen Kindern nicht an. Ich habe keine abschreckenden Erinnerungen.
Vorbild war, daß meine Mutter alles irgendwie auf die Reihe kriegte. Sie machte den Eindruck einer erfolgreichen, kraftvollen, anziehenden Frau. Sie war für viele Menschen, ob Jugendliche oder Ältere und egal, welchen Geschlechts, ein Anziehungspunkt. Das hing damit zusammen, daß sie nicht nur Karrierefrau war, sondern daß sie trotz Berufstätigkeit herzlich war und ein Haus mit Kindern hatte, wo was los war.
Meine Oma, ihre Mutter, sah unsere Situation ganz anders. Sie nahm mich oft in den Arm und bedauerte mich: »Du armes Kind, du hast kein Nest, und keiner ist für dich da.« Ich hatte jedesmal einen Zorn auf meine Großmutter, habe meine Mutter verteidigt, habe gesagt: »Wieso denn?« Ich fand ihre Ansicht spießig und dachte: »Was heißt denn Nest?«
Heute sehe ich auch manches anders als ich es als Kind empfunden habe, weil ich selbst Mutter bin und sehe, welche Leistung ich mir abverlange bei meinen Kindern.

Ich glaube, daß ich mehr für meine Kinder mache, als meine eigene Mutter damals gemacht hat. Aber ich glaube auch, daß ich bessere Bedingungen habe. Sie hat sich in einer ganz anderen Zeit emanzipiert und beruflich ihren Weg gemacht, als es für Frauen weniger selbstverständlich und schwerer war.

Meine Mutter hat vor kurzem zu mir gesagt: »Ich bewundere dich, wieviel du für deine Kinder opferst.« Ich hatte, als sie klein waren, überhaupt keine Freizeit. Ich habe gearbeitet, und dann waren die Kinder dran. Zwischen diesen beiden Polen spielte sich mein Leben lange Zeit ausschließlich ab. Jahrelang habe ich nur zwei Dinge geschafft: Arbeiten und Kinder versorgen und nichts anderes. Vielleicht kann man seine anderen Interessen dabei nicht ganz verwirklichen, aber ich finde, das beides zu schaffen ist schon toll. Es sind die zwei wichtigsten Dinge meines Lebens. Und wenn ich sehe, meine Kinder gedeihen, und es geht ihnen gut, bei der Arbeit läuft es auch so, daß ich mich nicht verstecken muß, dann bin ich zufrieden. Da kann ich gut drauf verzichten ein Super-Beauty-Wochenende zu machen oder ein dolles Fitneßprogramm nach Feierabend.

Ich selbst bemerke manchmal tief innen drin die unbefriedigte Sehnsucht danach, wichtig zu sein. Wichtigsein, ist mir nicht vermittelt worden, statt dessen, daß man sich unterordnen und anpassen muß, daß man nicht stören soll. Aber das hängt nicht kausal mit der Berufstätigkeit meiner Mutter zusammen, eher mit ihrer Persönlichkeit. Eine Vollzeitmutter kann einem das genauso vermitteln.

Andererseits kann ich auch verstehen, unter welchem Druck meine Mutter gestanden hat. Sie ist angerufen worden, und es wurde gesagt: »Wir brauchen das Manuskript schon zwei Stunden eher.« Sie hat ja bei einer Tageszeitung gearbeitet. Und ich weiß heute – ich arbeite auch frei –, was das für ein Druck ist. Rückblickend und aus meiner heutigen Erfahrung muß ich sagen, was Beruf und Kinderversorgung angeht, hat sie viel auf die Reihe gekriegt. Meine Mutter hat viel besessener gearbeitet, als ich das heute tue. Es wurde ja zu Hause auch ständig über die Arbeit gesprochen. Wenn meine Eltern spazierengingen, haben sie sich ein Filmexposé ausgedacht. Die Arbeit hat das ganze Leben durchsetzt. Das war für uns eine Bereicherung, weil wir mitkriegten, was meine Eltern machten. Meine Mutter hat mich auch mit auf Reportagen genommen, wenn sie nicht wußte, wohin mit mir. Dann war ich stolz. Ich saß irgendwo am Tisch und habe zugeguckt, wie meine Mutter irgendeinen Bürgermeister interviewt hat. Dann habe ich gesehen, mit welcher Ehrerbietung sie aufgenommen wurde, als schicke junge Reporterin, und war stolz auf sie. Das ist ein prägendes Bild für mich geworden, selbst auch so eine tolle Frau zu werden.

Ich habe viel von meiner Mutter profitiert. Den Mut zu sagen, ich bin eine Frau, die Beruf und Kinder schafft. Ich habe nie Jahre verstreichen lassen und überlegt, ob das geht. Für mich war klar, das geht. Die Ex-DDR hatte zwar mit den Kinderkrippen gute Bedingungen geschaffen, aber ich bin überzeugt, ich hätte auch hier im Westen Wege gefunden. Ich hatte nicht übermäßig viele Blockaden. Ich habe von meiner Mutter das Grundgefühl mitgekriegt: Ich schaff' das schon.

Meine Kinder sind heute – wie ich früher – in der Situation, daß sie mal verwöhnt und bekocht und versorgt werden und mal nicht. Sie sind beide fasziniert davon, daß ihre Mutter einen interessanten Beruf hat, und gukken immer sehr gern in die Illustrierten, in denen ich veröffentliche: »Ach, das bist du ja.« Sie sind auch stolz, wenn Lehrer in der Schule sagen: »Hat nicht deine Mutti das geschrieben. Das war aber ein interessanter Artikel.«

Aber sie finden mich auch oft zu Hause. Und sie haben viele Freiheiten. Wenn sie mit drei Kindern im Schlepptau hier ankommen, würde ich nie sagen: »Hier kommt keiner rein.« Dann ist das Haus eben voll. Ich glaube, es ist auch ein Geben und Nehmen. Wenn man den Kindern abverlangt, viel allein zu regeln, kann man ihnen auch nicht so enge Grenzen setzen. Dadurch, daß ich als Mutter nicht perfekt funktioniere, verlange ich von ihnen ja auch nicht, daß sie Punkt 18 Uhr mit gewaschenen Händen am Abendbrottisch sitzen.

Ich habe lange überlegt, wenn meine Kinder was hatten, ob ich schuld bin. In dem Moment, wo die Schule anruft und sagt, Frau Gebracht, ihr Sohn ist dreimal zu spät gekommen, habe ich gleich die Stimme im Kopf: »Du bist schuld, du hast es aus den Augen verloren, du warst verreist. Schlechtes Gewissen.« Ich habe immer mit riesigen Schuldkomplexen gekämpft. Weil es dieses Bild gibt, daß im Kinderhaushalt feste Zeiten und feste Regeln herrschen müssen. Zuverlässigkeit. 13 Uhr Mittagessen, 18 Uhr Abendbrot. Rituale. Das hatten meine Kinder nie. Und da bin ich heute ganz unsicher, ist es positiv, oder ist es negativ. Es ist nämlich beides. Positiv ist, daß meine Kinder nie schockiert sind, wenn Dinge überraschend passieren. Meinen Kindern kann man sagen: »Heute gibt es kein warmes Essen, macht euch Schmalzbrote!«, ich

kann sagen: »Übermorgen fahre ich zwei Wochen weg«, das haut sie nicht aus den Latschen. Sie sind flexibel. Das ist der Vorteil. Ich sehe das an anderen Kindern, die oft völlig schockiert sind, wenn etwas Unvorhergesehenes passiert. Die bekommen richtig Probleme. Ich glaube, daß sie dadurch besser aufs Leben vorbereitet sind.
Man darf sich nicht einreden oder einreden lassen, daß alles davon abhängig ist, ob man einem bestimmten Mutterbild entspricht. Schwierigkeiten und Probleme gibt es mit allen Kindern in irgendeiner Phase. Die Mütter, die berufstätig sind, lassen sich aber immer damit packen, daß ihnen vorgeworfen wird: Das ist jetzt so, weil du nicht zu Hause bist. Ich glaube, da sind viel falsche Bilder in unseren Köpfen. Wenn ich die Berufstätigkeit meiner Mutter als so belastend empfunden hätte, wäre ich heute sicher Hausfrau. Bin ich aber nicht!
Eine Frau, die nicht ihren eigenen Lebensbereich aufbaut, der auch mit der Außenwelt zu tun hat, die nach außen keine Berührungspunkte hat, sondern nur nach innen funktioniert, die überfrachtet ihre kleine Innenwelt mit psychischem Druck und Anforderungen. Diese Frau ist ewig in einer Opferrolle und erwartet, daß der Mann und ihre Kinder ihre Defizite ausfüllen. Ich finde das so entsetzlich, daß sie mir irgendwie leid tut. Ich könnte nie so leben.

Europas Mütter wollen berufstätig sein

> »Waschen, bügeln, fegen, die Staubflöckchen unter den Möbeln hervorkehren, damit hält man zwar den Tod nicht auf, kommt aber nicht zum Leben; denn mit der gleichen Bewegung schafft und zerstört die Zeit.« *Simone de Beauvoir*

Mit diesem Kapitel soll keine neue Kluft aufgerissen werden zwischen Vollzeitmüttern und berufstätigen Müttern. Diejenigen, die gerne zu Hause bei Haushalt und Kindern bleiben, sollen kein schlechtes Gewissen bekommen. Doch Tatsache ist – das beweisen zahlreiche Untersuchungen –, daß die wenigsten Frauen gern auf Dauer zu Hause sind. Vielmehr ist die Kindererziehung heute nur eine Phase im Leben von Frauen und nicht alles. Die Bedingungen dafür, Hausfrau und Mutter zu sein und zu bleiben, sind zu schlecht. Kein Respekt, keine Achtung, keine Anerkennung, kein Geld. Daß die wenigsten Frauen – europaweit – gern Hausfrauen sind, zeigte deutlich eine aktuelle europäische Studie von »Tupperware«, der Firma, die seit Jahrzehnten für Hausfrauen die berühmten Tupperpartys veranstaltet. 1994 ließ die Gesellschaft 5 000 Frauen in Frankreich, Deutschland, Italien, Spanien und Großbritannien befragen. Das Ergebnis, veröffentlicht in Focus 1/94: Kochen, Bügeln,

Putzen sind nur noch ungeliebte Pflichterfüllung. Frauen suchen ihre Selbstverwirklichung im Beruf, auch Mütter. In Frankreich, Deutschland und Großbritannien ist der weibliche Anteil der Berufstätigen fast so hoch wie der männliche, und der der Mütter liegt bei 60 bis 80 Prozent.

Frauen sind es leid, unbezahlt und ohne gesellschaftliche Anerkennung der Familie als Putzlappen und Handlanger zu dienen. Focus: »Europas Frauen wollen nicht mehr als traditionelle Hausfrau angesehen werden, deren Lebensziel die Erledigung der Hausarbeit ist.« 13 Prozent der befragten deutschen Frauen bezeichneten die »Hausfrau« sogar als »überarbeitete, unbezahlte und nicht geschätzte Küchenhilfe«.

Wie wenig anerkannt die Hausarbeit ist, sieht man nicht zuletzt an der materiellen Absicherung von Hausfrauen. Mal abgesehen davon, daß Hausarbeit nicht mit einem angemessenen Entgelt gewürdigt wird (eine feste Hausangestellte, die irgendwann Feierabend hat, kostet heute ca. 4 000 DM), gibt es auch keinerlei soziale Absicherung, wie eine gesetzliche Unfallversicherung, eigene Krankenversicherung oder eine angemessene Rente. Stirbt die Hausfrau, und eine Versicherung muß ihren »Wert« ersetzen, berechnen Versicherungsfachleute dem Witwer den Lohn einer Putzfrau (!). Damit nicht genug. Der Hinterbliebene muß sich einen Vorteil anrechnen lassen dafür, daß er die Verstorbene nicht mehr versorgen muß. Ex-Frauenministerin (s. S. 98) Angela Merkel bemängelt denn auch, »daß Erziehungsarbeit nicht ausreichend im Rentenrecht und beim Erziehungsgeld bewertet wird«. Entsprechend ist der gesellschaftliche Stellenwert von Hausfrauen. Focus zur Rangordnung der

Hausfrau: »Die Erkenntnis von Bundestagspräsidentin Rita Süßmuth, daß es dringend notwendig ist, die rechtliche Gleichstellung von Frau und Mann endlich durch eine partnerschaftliche Umgestaltung unserer Gesellschaft Realität werden zu lassen, ändert nichts an dem minderen gesellschaftlichen Stellenwert einer Kinder betreuenden Hausfrau.«

Wie bigott die Forderung der Lebensform der Nur-Hausfrau oder Vollzeitmutter in unserer Gesellschaft ist, veranschaulicht die Tatsache, daß die Frauen, die sie wählen, im Alter nur Armut erwartet. Ein Beispiel: Elfriede M. hat im Zeitraum von 1952 bis 1966 zehn Kinder geboren, von denen eins wenige Monate nach der Geburt starb. Ihre neun Kinder bezahlten 1992 pro Monat 8 500 DM an Rentenbeiträgen. Ihre Mutter aber bekam 310 DM »Babyjahr-Rente«. Durch ihre vorherige vierzehnjährige Berufstätigkeit bekam sie zusätzlich 345,70 DM. Unter Berücksichtigung der zwischenzeitlich erfolgten Anpassungen erhielt sie insgesamt eine Rente von 700 DM. Ihre Kinder zahlten also 7 800 DM pro Monat auf die Konten anderer ein, während die eigene Mutter nach einem entbehrungsreichen Leben einkommensmäßig unter dem Sozialhilfeniveau liegt.[1] Und das ist kein Einzelfall.

Auf die Frage, ob es der Hausfrau von heute nicht viel besser gehe als der Hausfrau vor 20 Jahren, antwortete die 61jährige Hausfraugewerkschafterin Ingrid Gripp: »Nein, es geht ihr schlechter. Vor 20 Jahren hatten die meisten Frauen Kinder. Alle saßen in demselben Boot.« Und trotzdem waren sie schon nicht glücklich. Die Gewerkschafterin kritisiert: »Ich bemängele die heute fehlende Toleranz zwischen durchgängig erwerbstätigen

Frauen, erwerbstätigen Müttern mit gravierenden Doppelbelastungen und Familienfrauen, die ihren Beruf zugunsten der Kinder aufgegeben haben und ohne Bezahlung und eigenständige soziale Sicherung arbeiten.«
Die Geschäftsführerin des Müttergenesungswerkes, Elvira Freitag, sagt ebenfalls: »Müttern geht es schlechter als je zuvor.« Und auf die Frage, wie sich die Situation von Müttern verändert habe: »Die Situation von Müttern hat sich kontinuierlich verschärft. Die Frauen, die in unsere Kureinrichtungen kommen, sind kränker als in der Vergangenheit: Körperlich und psychisch.« Das liege daran, daß auch die Kinder immer anfälliger würden. Mindestens 10 Prozent eines Altersjahrgangs gelten in Statistiken über Kinderkrankheiten als gesundheitlich gefährdet. Diese hohe Zahl liege an den Umweltbelastungen. Ein zweiter Grund für die verschärfte Situation der Mütter seien die schlechteren Familienbedingungen. »Scheidungsraten von 30 Prozent, in den Großstädten von 50 Prozent, Arbeitslosigkeit und Doppelbelastung, dies alles wirkt sich negativ auf die Gesamtkonstellation Familie aus.«
Lösungsmöglichkeiten sieht Elvira Freitag darin, daß »dafür gesorgt wird, daß Frauen Beruf und Familie vereinbaren können. Die meisten jungen Mütter haben heute eine Ausbildung, möchten berufstätig sein und finden nach einer Kinderpause keinen Wiedereinstieg. Es müssen viel mehr Kinderbetreuungsplätze geschaffen werden, aber auch die Männer müssen stärker bei der Kindererziehung und Hausarbeit ran. Von den Frauen wird immer als Mütter gesprochen, von den Männern aber als Partner oder Ehemann.«[2]
Wie verheerend die Auswirkungen sein können, wenn

Frauen, ans Haus gefesselt, nur Kontakt mit Kindern haben, untersuchte Roswitha Burgard: »Bei Hausfrauen und Müttern müssen sich durch die Isolation im Hause, durch das ständige Arbeiten ohne Feierabend, auch an Wochenenden und ohne jemals wirklich Anerkennung zu erfahren, psychisch bedingte Symptome einstellen ... Viele Hausfrauen haben Angst vor der Infantilisierung (Zurückfallen in kindliche Sprache und Verhaltensweisen) durch den alleinigen Umgang mit ihren Kindern. Frauen, deren Gesprächsmöglichkeiten sich mit dem Kind und um das Kind erschöpfen, sehen selbst bei freizügiger Arbeitszeitgestaltung keine Möglichkeit, sich als relativ eigenständige Person unabhängig von Kindern zu verwirklichen.«[3]

Burgard faßt zusammen: »Durch die Isolation und Einsamkeit im Hause erfahren Frauen eine spezifische Ausrichtung ihres Denkens und Handelns und einen ständigen Mangel an sinnlichen Eindrücken und Anregungen (sensorische Deprivation). Dies kann zu Verfolgungsängsten, Selbstgesprächen und Wahnvorstellungen führen.«[4]

Und so kam denn auch die damalige Frauenministerin Angela Merkel zum letzten Muttertag auf die ausgeprochen originelle Idee, »daß man die Mutter in einem Gespräch fragt, wie sie denn so ihr Jahr empfindet und ob man vielleicht bestimmte Arbeiten anders verteilen kann«.

Ähnlich neu und aufregend bemerkte die Ex-Familienministerin Hannelore Rönsch zu diesem Thema, es reiche natürlich nicht aus, wenn Mütter einmal im Jahr mit Geschenken belohnt würden. Familienarbeit müsse auch Sache der Männer sein.

Clara, 72, Rentnerin
»Von wegen glückliche Hausfrau«
Modernen Frauen wird gern unter die Nase gerieben, wie schön das für die Kinder damals war, als die liebe Mutti noch von morgens bis abends zu Hause war, mit dem Essen auf die Kinder gewartet und die Schularbeiten beaufsichtigt hat. Doch ich weiß aus eigener Erfahrung und auch von einigen Frauen aus meinem Bekanntenkreis, daß das so nicht stimmt. Es wird ja immer stillschweigend vorausgesetzt, daß Mütter ihre Aufgabe gern, mit Liebe und Hingabe ausgefüllt haben und ihre Belohnung ein strahlend sauberes Haus, ein gepflegter Garten und vor allem wohlgeratene Kinder waren. Ich wage zu behaupten, die wenigsten Hausfrauen in meiner Generation waren glücklich und zufrieden mit ihrem Los. Und wenn man sie heute fragt, sagt so manche ehrlich: »Es war einfach frustrierend, nichts als Hausfrau und Mutter zu sein.« Nicht umsonst gibt es in der Generation, die in den 50er Jahren ihre Kinder bekommen hat, sehr viele unzufriedene, nörgelige alte Frauen. Weil wir Frauen uns damals nicht selbst verwirklichen konnten und das auch im Alter nicht mehr geschafft haben. Die äußeren Zwänge waren zu stark.
Bei mir fing alles so gut an: Nach der Hochzeit eine eigene Wohnung mit hübscher Einrichtung. Mein Traum wurde wahr. Es war in der Nachkriegszeit eine Wonne, endlich die eigenen vier Wände um sich zu haben. Bis dahin hatten wir nämlich bei meinen Eltern leben müssen. Ich habe anfangs mit Lust und Liebe alles gepflegt. Bald kündigte sich das erste Kind an. Ich freute mich riesig darauf. Schließlich wurden wir nun eine komplette Familie, wie es sich gehörte. Und auf das Muttersein war

ich sehr gespannt. Ich stellte mir das großartig vor, so, wie es uns immer gesagt wurde. Ich war sicher, das Kind würde unser Glück perfekt machen. Und ich würde in meiner Rolle aufblühen. Dann war das Baby da. Eine hübsche kleine Tochter. Sie machte tatsächlich viel Freude. Aber ich merkte schnell, ein Kind bedeutete sehr viel Arbeit, und ich registrierte – laut durfte man das ja nicht sagen –, daß die Gemütlichkeit deutlich nachließ. Und konnte ich mir früher mal einen Nachmittag für mich nehmen, mich mit Freundinnen treffen oder ein Buch lesen – ich lese wahnsinnig gern –, so hatte ich nun keine Zeit mehr für mich. Meine Tochter hat mich mehr beschäftigt, als ich erwartet hatte. Tagsüber und auch manchmal nachts. Obwohl man mir im Krankenhaus gesagt hatte: »Lassen Sie sie schreien. Sie muß sich an feste Zeiten gewöhnen.« Mit dem Kind mußte nun alles schön der Reihe nach versorgt werden. Das hieß, die Zeit genau einteilen und auf das Baby abstimmen, damit Haushalt und Kind zu ihrem Recht kamen.

Nach drei Jahren meldete sich das zweite Kind an, wieder eine Tochter, genauso niedlich. Wieder freute ich mich, war aber nicht mehr ganz so euphorisch wie beim ersten Kind. Ich wußte ja nun, was auf mich zukommt. Damals gab es noch nicht die Entscheidung, ein Kind reicht. Zu einer »richtigen Familie« gehörten Vater, Mutter und zwei Kinder. Alle hielten das so. Und manche bekamen ja sogar auch drei Kinder.

Nach der Geburt meiner zweiten Tochter wurde es stressig. Nun hatte ich zwei fordernde kleine Mädchen. Die Dreizimmerwohnung wurde zu klein. Da mein Mann genug verdiente, bauten wir und zogen bald ins eigene Haus mit großem Garten. Herrlich! Einerseits.

Doch die reine Freude wurde immer mehr getrübt. Ich hatte mir nicht träumen lassen, wie schnell der Tag verging mit zwei Kindern und dem großen Haus. Ständig hinkte ich mit meiner Arbeit hinterher. Die Zeit lief mir einfach davon, und was ich alles als perfekte Hausfrau zu erledigen hatte, war eine ganze Menge. Meine Laune wurde immer schlechter, oft war ich deprimiert. Meine Kinder litten darunter. Dauernd war ich hin- und hergerissen. War es nun wichtiger, den Haushalt tiptop zu erledigen, oder sollte ich besser eine gute Mutter sein? Beides schaffte ich einfach nicht. Ich fragte mich, wie die Mütter im Bekanntenkreis das machten. Sie schienen so gut organisiert. Und glücklich. Sie schienen ganz in ihrer Rolle aufzugehen. Bei mir funktionierte das nicht. Entweder ging es im Haus drunter und drüber, was ich nicht gut ertragen konnte, oder mich starrten gebrauchtes Geschirr, ungemachte Betten, trübe Fenster und schmutzige Wäsche an. Ich hätte weglaufen mögen.
Ich schuftete immer, bis mich bleierne Müdigkeit überfiel. Dann wollte ich erst mal meine Ruhe haben. Aber dann kamen die Kinder und verlangten ihr Recht. Und so schlich ich ständig mit schlechtem Gewissen herum, weil eins immer zu kurz kam. Mein Mann sagte zwar meistens: »Laß doch den Krempel liegen und mach was mit den Kindern.« Aber das machte mich wütend. Schließlich war es auch keine Lösung. Denn wenn er mal einen Kollegen mitbrachte, war es ihm natürlich unangenehm, wenn der Staub auf den Schränken lag. Es hörte sich immer so wunderbar an, wenn gesagt wurde, alles sei eine Sache der Einteilung. Aber wie sollte das gehen, wenn jeder neue Tag die Planung über den Haufen warf? Die Kinder kamen zu unterschiedlichen Zeiten aus der Schule, man hatte stun-

denlang einen gedeckten Tisch, mußte nachmittags die Küche aufräumen. Im Garten wucherte das Unkraut, und auch das mußte beseitigt werden. Die Kinder brauchten Unterstützung bei den Hausaufgaben. Ich dachte immer öfter: »Hilfe, ich möchte auch mal Zeit für mich haben! Ich möchte nicht immer abgehetzt sein und ungepflegt herumlaufen.« Aber wie sollte das gehen?
Meine Familie hatte immer öfter unter meiner schlechten Laune zu leiden. Mein Mann war die ganze Woche unterwegs, und wenn er am Wochenende zu Hause war, hatte er eine Menge aufzuarbeiten. Den Rest seiner Zeit verbrachte er mit den Kindern. Nach meinen Wünschen wurde nie gefragt. Die Kinder wurden älter und begannen ihre eigenen Wege zu gehen. Inzwischen war auch ein Hund da, und der wurde natürlich in meine Obhut gegeben, wieder eine Verpflichtung mehr. Irgendwann hatte ich das Gefühl, daß ich den Zeitpunkt verpaßt hatte, mehr Freiraum für mich zu verlangen. Damals gab es niemanden, der eine Frau dabei unterstützt hätte. Frauengruppen kannten wir noch nicht, Selbsthilfegruppen schon gar nicht. Im Gegenteil, bei Kaffeekränzchen saßen wir zusammen und übertrafen uns in Schilderungen, wie toll alles lief. Wie toll die Kinder gerieten und und und ... Ich fühlte mich oft sehr fehl am Platz. Niemals hätte ich gewagt, laut zu sagen, ich schaffe das alles nicht. Lieber schwieg ich, und zu Hause bekam ich Depressionen. Ich glaubte, es liege nur an mir. Nur ich schaffte es nicht, eine perfekte Hausfrau und Mutter zu sein.
Wieder tat ich etwas Dummes. Ich fing an, meinen Frust mit Alkohol herunterzuspülen. Mit einem Whisky fing es an, und es wurden mit der Zeit immer mehr. Zum Glück reagierte mein Körper sehr empfindlich. Es stellten sich

ernsthafte Gesundheitsstörungen ein. Die Angst vor den Folgen des übermäßigen Alkoholkonsums war größer als die Sucht. Das war meine Rettung. Es war verdammt schwer, auf die abendlichen Drinks zu verzichten, die mich so sanft einlullten. Aber nach einiger Zeit und mit viel Disziplin ging es wieder ohne.
Mit der Zeit wurde ich fatalistisch. Mein Leben zwischen Putzeimer und Kochtopf regte mich immer weniger auf. Meine Generation wurde dazu erzogen, perfekte Hausfrau zu sein, das saß einfach tief drin. Zur Rebellion fehlten uns die Vorbilder und den meisten auch die Kraft. Man hätte ja richtig aus der Reihe tanzen, gegen den Strom schwimmen müssen. Das tat in unseren Kreisen niemand. Lieber schluckte man irgendwann Beruhigungstabletten, wenn einem alles über den Kopf wuchs, und litt still vor sich hin. Ich finde es gut, daß die jungen Frauen heute fast jeden Beruf erlernen können und ihn auch ausüben, wenn die Kinder da sind. Das hätte ich mir auch gewünscht. Aber damals ließ man die Mädchen ja nicht mal einen Beruf erlernen mit dem Argument, die heiratet ja doch, die braucht keine Ausbildung. Eine reizvolle zufriedenstellende Tätigkeit ist ein guter Ausgleich zu Kochtopf und Putzeimer. Und zu dem Argument, daß die Kinder zu kurz kommen, kann ich nur sagen, bei einer unzufriedenen Hausfrau kommen sie erst recht zu kurz und bekommen noch deren Frustration und schlechte Laune ab.

Elisabeth, 42, Rechtsanwaltsgehilfin
»Meine Mutter war ›Nur-Hausfrau‹«

Meine Mutter war den ganzen Tag zu Hause. Wir wohnten auf einem Dorf, nur stündlich fuhr ein Bus in die nahegelegene Kleinstadt. Wir waren dahin gezogen, weil die Bauplätze dort billiger waren und mein Vater unbedingt ein eigenes Haus haben wollte. Er war Kaufmann und häufig unterwegs. Meine Mutter hatte ihren Beruf – Arzthelferin – für uns Kinder aufgegeben. Aber nur, weil man das damals so machte. Nicht, weil sie Lust hatte, Hausfrau und Mutter zu sein.

Ich habe mein Leben lang unter der Unzufriedenheit meiner frustrierten, ans Haus geketteten Mutter gelitten. Mit ihrem ständigen Frust, ihrem Gejammer, Gemecker, mit ihren ewigen Kontrollen hat sie uns das Leben zur Hölle gemacht. Weil sie Putzen haßte, mußte ich das schon sehr früh übernehmen. Und wehe, ich machte das nicht ordentlich. Sie war ekelhaft pingelig. Putzte sie selbst, war sie an diesem Tag nicht ansprechbar. Abends, nach getaner Arbeit, ging das Gejammer weiter. Und wenn einer mit dreckigen Schuhen in der Tür stand, bekam sie fast einen Nervenzusammenbruch. Das geputzte Haus durfte nur auf Socken betreten werden.

Ständig hat sie sich beklagt, schon wenn sie uns morgens wecken und das Frühstück machen mußte. Wenn wir in der Schule waren, hat sie eingekauft und gekocht. Auch das nur aus Pflichtgefühl, nie gern. Ich kann mich nicht erinnern, je nach der Schule in ein fröhliches, zufriedenes Gesicht gesehen zu haben. Immer nur Überdruß und Unzufriedenheit.

Zeitweise wurde sie depressiv. Das war dann ganz unerträglich. Dann durften wir nur auf Zehenspitzen durchs Haus schleichen. Spielkameraden durften wir sowieso nie mitbringen. Die störten durch den Lärm, den sie machten, oder meine Mutter mochte sie nicht, und wen sie nicht mochte, der durfte nicht ins Haus. Und immer

wieder die Klagen über die elende stupide Hausarbeit, die ihr den letzten Nerv raube, sie unzufrieden mache, sie schlauche. Diese immer wiederkehrende Monotonie.
Für uns Kinder, meinen Bruder und mich, war es so schrecklich, weil wir ja nichts dafür konnten, daß sie Hausfrau war. Trotzdem hatten wir ständig Schuldgefühle, weil sie uns vermittelte, sie sei wegen uns Hausfrau und müßte wegen uns ein so unproduktives, angebundenes Leben führen. Für ein Kind ist das grausam. Wir hatten praktisch keine Bewegungsfreiheit, weil sie ständig da war, ständig Verbote aussprach, alles unter Kontrolle hatte. Wir durften uns nicht dreckig machen, wir durften nicht laut sein, wir mußten ihr Gesellschaft leisten.
In mir ist dadurch das Bild entstanden, daß Hausfrau- und Mutter-Sein etwas ganz Schreckliches ist. Ich habe eine richtige Horrorvorstellung davon und war lange Zeit der Meinung, das ist das Schlimmste, was einer Frau passieren kann. Ich habe deswegen erst sehr spät geheiratet und mit 40 mein erstes Kind bekommen. Ich habe auch meinen Beruf nie aufgegeben. Ich hatte immer im Hinterkopf, so wie meine Mutter leben – niemals. Wir haben unserer Mutter übrigens oft gesagt, sie solle doch arbeiten gehen. Das wäre für alle Beteiligten besser gewesen. Sie wäre zufriedener und nicht ständig zu Hause gewesen. Sie hätte sich eine Putzhilfe leisten können und wäre auf andere Gedanken gekommen. Aber vor 35 Jahren war das für Frauen eben noch sehr schwierig, und eine berufstätige Mutter war die Ausnahme. Das hat meine Mutter nicht geschafft. Sie hätte gegen den Strom schwimmen müssen.
Ich sage heute, lieber gebe ich meine Tochter tagsüber zu

einer Tagesmutter, die das Kind ja freiwillig versorgt und Geld dafür bekommt, als daß ich mich als frustrierte, unzufriedene Vollzeitmutter meinem Kind zumute. Ich finde nach der Erfahrung mit meiner eigenen Mutter, eine Mutter hat nicht nur das Recht, sondern auch die Pflicht, etwas für sich zu tun. Nur eine zufriedene, ausgeglichene Mutter kann auch ihren Kindern etwas geben. Und die nötige Anerkennung bekommt man einfach nicht zu Hause, die bekommt man im Berufsleben.

Warum sind Frauen berufstätig?

Berufstätigkeit wird allgemein akzeptiert, wenn Mütter aus finanziellen Gründen dazu gezwungen sind. Arbeiten sie gern, gilt das als verwerflich. Die verschiedensten Untersuchungen haben allerdings festgestellt, daß die meisten Frauen arbeiten, weil sie das wollen. Nicht umsonst steigt der prozentuale Anteil berufstätiger Frauen und vor allem arbeitender Mütter in den hochindustrialisierten Ländern ständig an.

Obwohl die Schicht der arbeitenden Mütter sehr unterschiedlich ist und von der alleinerziehenden Fließbandarbeiterin bis zur verheirateten Staatsanwältin mit drei Kindern reicht, geht aus neueren Untersuchungen eindeutig hervor, daß die Gruppe der unfreiwillig arbeitenden ziemlich klein ist. »Bei den meisten Frauen stehen nicht wirtschaftliche Zwänge, sondern eine Vielzahl von persönlichen Begründungen für ihre Berufstätigkeit im Vordergrund. Bei Frauen in weniger qualifizierten Berufen stehen Abwechslung, Kontakt und eigenes Einkom-

men obenan. Zumindest arbeiten sie lieber, als zu Hause zu sein. Bei hochqualifizierten Frauen zählen auch Freude am Berufsinhalt, an der eigenen Selbständigkeit und Leistungsfähigkeit.«[5]
Schon 1982 kam eine Umfrage unter Berufsrückkehrerinnen im Auftrag des baden-württembergischen Sozialministeriums zu dem Ergebnis: Das Interesse von Hausfrauen, wieder erwerbstätig werden zu wollen, ist vor allem in dem Wunsch nach sozialen Kontakten begründet.
Nur 5 Prozent der Befragten nannten ausschließlich finanzielle Gründe dafür, warum sie wieder außerhalb der eigenen vier Wände arbeiten wollen. Mit ihrem Tätigkeitsbereich zufrieden waren 47 Prozent. 60 Prozent äußerten sich insgesamt positiv über ihre Tätigkeit. Und – für viele sicher erstaunlich: Sogar unter Fabrikarbeiterinnen steht die größte Gruppe lieber am Fließband als zu Hause am Kochtopf.

Thomas, 34, Redakteur
... wenn das alles gewesen ist.
Ich bin Einzelkind. Solange ich lebe, ist meine Mutter berufstätig gewesen. Ich kenne es nicht anders. Sie ist Juristin und hat ihren Beruf immer gern ausgeübt. Es stand für sie wohl auch nie zur Debatte, Beruf oder Kind. Für sie hieß es immer Beruf und Kind. Als ich sehr klein war, haben meine Großeltern meine Versorgung übernommen. Ich habe dort auch gewohnt. Meine Mutter kam abends immer vorbei. Das fand ich als Kind nicht gut. Ich hätte lieber bei meiner Mutter gewohnt. Ich habe zwar nicht richtig darunter gelitten, denn meine Großeltern sind sehr liebe Menschen. Aber wir hatten eben

deutlich andere Familienverhältnisse als andere, wo die Familie zusammenlebte und Mutter zu Hause war. Und das war, als ich sehr klein war, schwer für mich. Als ich dann groß genug war, daß ich nicht mehr ständig umsorgt werden mußte, bin ich zu meiner Mutter gezogen. Da war ich sieben. Inzwischen gab es auch einen Stiefvater, mit dem ich mich sehr gut verstanden habe. Ab sofort wurde ich für alt genug erklärt, allein zur Schule zu gehen, allein nach Hause zu kommen und den Nachmittag allein zu verbringen. Ich war das, was man ein Schlüsselkind nennt. Es stand immer etwas zu Essen im Kühlschrank. Das habe ich mir genommen. Nachmittags habe ich, soweit ich mich erinnere, immer selbständig und freiwillig meine Schularbeiten gemacht. Ich bin auch oft mit zu einem Freund gegangen.
Meine Mutter hat dann abends, wenn sie nach Hause kam, für ihre »zwei Männer« warm gekocht. Das war in der ersten Zeit eine harte Schule für mich, denn meine Großeltern hatten mich sehr verwöhnt. Trotzdem fand ich es so besser.
Ich kann mich an einen gravierenden Unterschied zu meinen Großeltern noch deutlich erinnern. Bei meiner Großmutter war es selbstverständlich, daß sie mir Süßigkeiten mitbrachte. Oder etwas zu naschen lag auf dem Tisch oder im Schrank herum, ich konnte einfach drangehen. Bei meinen Eltern war es so, daß ich danach fragen mußte. Interessanterweise habe ich das genau behalten. Trotzdem – heute würde ich sagen, wenn das alles gewesen ist ...
Als ich zehn Jahre alt wurde, war ich soweit, daß ich es unheimlich genossen habe, nach der Schule nach Hause zu kommen, und keiner war da. Ich konnte meinen

Rucksack in die Ecke feuern, ich hörte keine dummen Fragen, sondern konnte in Ruhe meine Sachen erledigen. Es gab auch eine Zeit, da habe ich die Hausaufgaben erst morgens vor der Schule gemacht.

Mit 14 hatte ich meine erste Freundin. Ich war mäßig in der Schule, nicht richtig schlecht, aber wie das so ist in dem Alter, mal vom Sitzenbleiben bedroht, dann wieder besser. Klebengeblieben bin ich auch mal. Da sagte mir mein Stiefvater irgendwann: »Du brauchst in Englisch eine Drei, in Mathe auch. Bis du diese Zensuren nicht geschrieben hast, siehst du deine Freundin nicht wieder.« Und daran mußte ich mich halten. Ich habe nicht getrotzt. Es war genügend gegenseitiger Respekt vorhanden, daß ich mich dann nachmittags – konnten sie ja nicht kontrollieren – auf den Hintern setzte und paukte. Ich habe es tatsächlich geschafft, die nötigen Zensuren zu schreiben. Und ich habe meinem Vater das auch nicht übelgenommen. Im nachhinein sehe ich, es muß nicht jemand mit dem Knüppel hinter einem stehen. Auf den Umgang miteinander kommt es an. Und der muß ja gut gewesen sein, sonst hätte ich vielleicht gedacht, ihr könnt mich mal. Gut, in dem Moment habe ich zwar mit den Zähnen geknirscht, aber das ist ja wohl normal.

Ich konnte und kann mir meine Mutter nie und nimmer als Ganztags-Hausfrau vorstellen. In diese Rolle hätte sie nie hineingepaßt. Sie war sehr engagiert in ihrem Beruf als Richterin.

Wenn ich mich heute vergleiche mit denen, die immer ein treusorgendes Mütterlein zu Hause hatten, sehe ich, daß viele nicht allein leben können, mit sich nichts anzufangen wissen, immer jemanden haben müssen, von einer Beziehung zur nächsten springen, aber mit sich selbst

nicht klarkommen. Das ist bei mir ganz anders. Ich komme prima allein zurecht. Ich habe das gelernt – mußte ich ja. Für meine Selbständigkeit und Eigenverantwortlichkeit war es gut, eine berufstätige Mutter zu haben.
Ich hatte auf der anderen Seite immer das Gefühl, geborgen zu sein, mich auf meine Eltern verlassen zu können. Wenn ich ein Problem hatte, konnte ich mich immer an sie wenden. Ich kann mich nicht daran erinnern, daß ich mir gewünscht hätte, eine Mutter zu Hause zu haben. Ich mußte ja das, was ich von meiner Mutter erwartete, nicht missen. Sie gab mir, was ein Kind an emotionaler Zuwendung braucht.
Ich glaube, daß ich auch den typischen Alltag gut zu bewältigen gelernt habe. Ich schmeiße den Haushalt, ich kann die Waschmaschine bedienen, ich kann kochen. Wenn meine Mutter immer zu Hause gewesen wäre, hätte ich sicherlich Probleme in meiner jetzigen Partnerschaft. Ich komme von selbst auf die Idee, noch schnell einkaufen zu gehen und die dreckige Wäsche in den Wäschekorb zu räumen, den Abfall mit runterzunehmen. Weil das für mich selbstverständlich ist. Mußte ich immer. Und meine Freundin erwartet das auch. Die würde auf die Barrikaden gehen, wenn sie abends den ganzen Dreck vom Tage allein wegräumen und sich um alles allein kümmern müßte. Ich habe gelernt, daß man sich in einer Partnerschaft, wo beide arbeiten, den Haushalt teilt. Und davon profitiere ich in meiner Partnerschaft. Umgekehrt muß ich sagen, ich erwarte von meiner Partnerin, daß sie berufstätig ist. Ich könnte mit einer Frau, die zu Hause sitzen und Kinder hüten wollte, nichts anfangen. Das hat weniger mit Geld zu tun, obwohl es

natürlich angenehm ist, wenn die Frau ihr eigenes Geld verdient. Aber wichtiger ist mir die damit verbundene innere Unabhängigkeit. Weil ich dadurch auch meine Unabhängigkeit behalte. Eine Babypause irgendwann, natürlich. Ein paar Jahre zu Hause bleiben, klar. Aber eine Hausfrau für immer, nein danke. Ich denke, daß eine einigermaßen intelligente Frau irgendwann einen Rappel bekommt, wenn sie nur zu Hause herumhockt.

Prima Kinder von berufstätigen Müttern

Wer bis heute behauptet, Berufstätigkeit von Müttern schade den Kindern, hat nie die Frage gestellt, welche Vorteile die Nachteile einer mütterlichen Berufstätigkeit aufwiegen. Eine unabhängige, eigenständige Frau, die sich im (Berufs-)leben behaupten kann, ist zweifellos ein gutes Vorbild für Kinder. Sicherlich ein besseres, als eine abhängige Vollzeitmutter. Untersuchungen haben längst ergeben, daß gerade Töchter vom guten Vorbild der berufstätigen Mama profitieren. Daß sie intelligenter, aufgeschlossener, neugieriger und in Schul- und Ausbildungsabschlüssen erfolgreicher sind.

Die Journalistin Petra Ölker: »Waren die Mütter der heute 15- bis 25jährigen bei der Suche nach Vorbildern noch auf weibliche Zeitgeist-Klischees angewiesen, so erleben ihre Töchter ganz selbstverständlich erfolg- und einflußreiche Frauen in der Öffentlichkeit, in Politik, Kultur und Wissenschaft. Auch, wenn diese nach wie vor eine Minderheit sind, so bedeuten sie für junge Mädchen doch ein Vorbild für eine Lebensperspektive jenseits aller Bescheidenheit.«[1]

Die Familientherapeutin Rosemarie Welter-Enderlin: »Es kann gar nicht genug Vorbilder für Töchter geben. Töchter brauchen viele Modelle, vor allem in einer Welt, in der es keine festen Bilder von Weiblichkeit gibt. Wenn die Mütter mal von diesem blöden Mythos lassen könnten, immer ganz allein für alles zuständig sein zu müssen, könnten sie glücklich sein, wenn noch andere Menschen für ihre Kinder von Bedeutung sind.«[2] Zur Bedeutung berufstätiger Mütter für die Töchter sagt sie: »Einerseits werden starke, tüchtige Frauen in der Öffentlichkeit bewundert, andererseits heißt es, sie vernachlässigen die Familie. Diese Doppelmoral ist für Kinder schwierig. Aber der Vorteil ist, daß die Töchter auf diese Mütter stolz sein können. Und es gibt nichts Besseres, als auf die eigenen Wurzeln stolz sein zu können.«[3]

Auch die Söhne von heute bekommen ein anderes Frauenbild. Es ist für sie selbstverständlicher, im Beruf erfolgreiche Frauen zu erleben. Söhne lernen zudem, im privaten Bereich selbständig zu sein, die Erwartungshaltung loszulassen, die Frau sei dazu da, sie zu bedienen. Der Sohn einer berufstätigen Mutter wird kaum seine Klamotten rumfliegen lassen, wo er sie auszieht, den Tisch von seiner Frau abräumen oder sich die Schuhe putzen lassen. Er wird auch selbst den Staubsauger oder Spüllappen in die Hand nehmen, einfach, weil es von früh an selbstverständlich für ihn war, weil keine Mama da war, die ihm ergeben immer alles hinterhergeräumt hat.

Söhne von berufstätigen Müttern sind auch seltener Muttersöhnchen. Sie können sich besser abnabeln. Und sie sind Väter, die sich genauso um den Nachwuchs kümmern wie die Mutter. Die meisten Männer berufstätiger Mütter wollen auch als Partnerin eine berufstätige Frau. »Ich könnte mir kein Hausmütterchen als Partnerin vorstellen«, ist eine häufige Antwort. Die Essayistin Barbara Sichtermann sagte in einem Interview: »Ich glaube, daß Frauen, die Kinder haben, viel gewinnen. An Ideen, Mut und Kraft. Umgekehrt ist das Großziehen von Kindern viel schöner, wenn die Frau etwas außerhalb der Familie erlebt. Die Kinder werden glücklicher und reicher in ihren Anregungen …

Resigniere nicht. Wenn du Lust und Kraft hast, Karriere und Kinder zu vereinbaren, traue es dir zu.«[4]

Fragt man erwachsene Kinder von berufstätigen Müttern, zählen diese häufig erst die Vorteile auf:

– Mutter war selbstbewußter und hatte ein anderes Auftreten als andere Frauen.
– Mutter sorgte für ihr eigenes Wohlergehen und war dadurch zufrieden.
– Mutter war immer aufgeschlossen und blickte auch mal über den Tellerrand.
– Mutter war unabhängig.
– Mutter konnte sich Vater gegenüber besser behaupten, nachdem sie berufstätig war.
– Mutter hatte eigenes Geld.
– Mutter war eine gleichberechtigte Partnerin.
– Vater hat auch auf uns aufgepaßt.
– Es gab keine einseitige Überbetonung der Mutter-Kind-Bindung.
– Papa hatte mehr Achtung vor Mama, als sie wieder arbeitete.
– Wir konnten uns freier entwickeln.
– Wir wurden nicht ständig kontrolliert.
– Wir konnten selbst entscheiden, wann wir Schulaufgaben machen wollten.
– Wir mußten nicht immer alles aufessen, was Mama gekocht hatte.
– Ich war stolz, daß meine Mama einen Beruf hatte.

Eva, 36, Verlagskauffrau, eine Tochter

»Ich fand es toll, daß Mutter eigenes Geld hatte«

Meine Mutter war zu einer Zeit berufstätig, als die meisten Mütter meiner Freundinnen und Mitschüler noch zu Hause blieben. Damals war ein vielgehörtes Argument von Männern: »Meine Frau hat es nicht nötig zu arbeiten.« Meine Mutter wollte arbeiten, obwohl mein Vater genug verdiente. Meine Mutter sagte immer: »Der Haushalt, das Haus, der Garten und die Kinder füllen mich nicht aus. Ich bin kein Hausmütterchen.« Für damalige Zeiten tanzte sie damit sehr aus der Reihe. Es gab viel Kritik. War unser Rasen zu lang und Unkraut im Garten, hieß es: »Kein Wunder, fühlt sich ja keiner zuständig.« Waren die Fenster zwei Monate nicht geputzt, hörte man: »Da kümmert sich ja keiner.«

Meiner Mutter war das egal. Sie sagte immer: »Alles Neider.« Sie hatte sich eine Stelle in einem großen Verlag gesucht. Hatte eigentlich medizinisch-technische Assistentin gelernt. Im Verlag wurde sie sehr schnell die rechte Hand des Chefs, Mädchen für alles, seine Assistentin. Meine Mutter war immer ziemlich patent und kontaktfreudig, und das war dort ihr großer Vorteil.

Ich war sechs, meine Schwester vier, als sie wieder arbeiten ging. Wir hatten viele Kinder in der Nachbarschaft, und meine Schwester blieb tagsüber bei einer Nachbarin. Die hatte selbst vier Kinder. Meine Schwester war ein Stromer, schon als keines Kind. Bei jedem Wetter draußen in Dreck und Matsch. Die bemerkte man tagsüber praktisch nicht. Die mußte nur zum Essen gerufen werden. Insofern fiel es kaum ins Gewicht, daß meine Mutter erst gegen 16.30 Uhr wieder nach Hause kam. Ich aß auch bei dieser Nachbarin. Nach der Schule schellte ich bei ihr, und anschließend ging ich in unser Haus. Ich habe schon sehr früh stundenlang am Telefon gehangen und mit meinen Freundinnen gesprochen. Das konnte ich ja ungestört tun. Ich hörte dann oft die Stimmen der Mütter im Hintergrund: »Leg den Hörer auf, du blokkierst die Leitung.« Irgendwann machte ich Schularbeiten, und danach traf ich mich mit Freundinnen oder ging in den Reitstall bei uns um die Ecke. Ich sagte nur der Nachbarsfrau Bescheid, wo ich war.

Ich habe es nicht vermißt, daß meine Mutter nachmittags nicht das Haus hütete. Ich hatte trotzdem das Gefühl, daß meine Mutter immer für uns da war. Wenn sie nach Hause kam, war sie zwar oft müde, aber trotzdem offen für unsere Probleme. Sie brachte uns manchmal etwas mit, Schokolade oder ein Büchlein oder Stifte, Papier, Notizbüchlein, Kalender aus dem Büro. Das fanden wir todschick.

Meine Eltern waren so privilegiert, daß wir einmal die Woche eine Putzhilfe hatten, so daß meine Mutter sich nicht jeden Abend noch auf die Hausarbeit stürzen mußte. Statt dessen gingen wir noch alle in den Garten, machten eine Fahrradtour oder fuhren in die Stadt. Meine Mutter hatte von ihrem ersten selbstverdienten Geld den Führerschein gemacht und sich einen klapprigen VW gekauft. Wir fanden das toll, daß unsere Mutter – damals hatten längst nicht alle Mütter Führerschein und Auto – bei schönem Wetter noch mit uns ins Schwimmbad fuhr oder in den Wald.

Daß unsere Mutter so selbständig war, war auch insofern toll für uns, da unser Vater im Außendienst tätig und ständig unterwegs war, manchmal tagelang. Ich weiß von Nachbarinnen ohne Führerschein, festgenagelt im Häus-

chen am Stadtrand. Da spielte sich das ganze Leben notgedrungen auf diesem engen Raum ab. Die bewegten sich gezwungenermaßen in einer sehr kleinen Welt, entsprechend war ihr Horizont.
Weil unsere Mutter so positiv zu ihrem Job stand, kamen wir auch gar nicht auf die Idee, uns benachteiligt zu fühlen. Ich habe in der Schule, wenn man den Beruf von Mutter und Vater angeben mußte, stolz geschrieben: Diplomingenieur und Verlagsassistentin. Bei den meisten Müttern stand da damals noch Hausfrau.
Ich bin heute selbst auch berufstätig. Ich habe Verlagskauffrau gelernt, und mein Chef hat mir großzügigerweise eine Dreiviertelstelle eingeräumt, als mein Sohn zur Welt kam. Ich hatte Glück, eine super Tagesmutter zu finden, und habe auch keine lange Babypause gemacht. Ich habe nur leider schnell feststellen müssen, gegen wieviel Vorurteile man anrennen muß, wie häufig man sich rechtfertigen muß, wenn man ein kleines Kind fremdbetreuen läßt. Man gilt gleich als Rabenmutter, wenn man sagt, ich arbeite gern. Ich weiß gar nicht, woher diese Vorurteile kommen. Mir hat die Berufstätigkeit meiner Mutter nicht geschadet. Warum sollte sie meinem Kind schaden? Ich freue mich jeden Abend riesig, wenn ich den Kleinen abhole. Danach beschäftige ich mich bestimmt zwei Stunden nur mit ihm. Ich weiß, daß er es damit besser hat, als wenn ich den ganzen Tag zu Hause hocken müßte. Ich bin der Meinung, eine zufriedene Mutter ist eine gute Mutter.

Statistik

Die Statistik kommt zu ganz anderen Ergebnissen als die öffentliche Meinung. So hat der amerikanische Sozialpsychologe Lois Hoffmann bereits vor zehn Jahren 50 Jahre Forschungsarbeit über Kinder von berufstätigen Müttern ausgewertet. Die Fragestellung lautete: Wie sehr leiden die Kinder? Dabei fand Hoffmann heraus, daß Töchter berufstätiger Mütter sich in vieler Hinsicht besser entwickeln als Töchter von Hausfrauen-Müttern. Sie waren selbstsicherer, hatten eine bessere Schulbildung, höhere Schulabschlüsse und schlugen eher eine eigene erfolgreiche Berufslaufbahn ein. Töchter hatten, was ihre Unabhängigkeit und ihr Selbstwertgefühl anging, davon profitiert, daß sie das Modell einer kompetenten Frau in der Familie hatten. Das gleiche haben mir bei meinen zahlreichen Interviews viele Männer berichtet: Sie empfinden sich im Haushalt als kompetent. Sie fühlen sich selbständig und unabhängig, und die meisten hatten oder wollten auf jeden Fall eine Partnerin, die auch einen eigenen Beruf hat.
Es gibt zahllose Untersuchungen, die wie Hoffmann zu dem gleichen Ergebnis kommen. Alle haben sich unter unterschiedlichen Fragestellungen diesem Thema genähert. So hat Elisabeth Noelle-Neumann in einer Studie ihres Institutes für Demoskopie Kinder berufstätiger Mütter befragt: »Wenn du mal mit jemandem reden möchtest oder ein Problem hast, wen fragst du?« 87 Prozent der Kinder, deren Eltern ganztags berufstätig waren, antworteten: »Meine Mutter.« Von den 14–18jährigen nannten noch 73 Prozent die Mutter. Die Kinder nichtberufstätiger Mütter antworteten ebenfalls zu 83 und

80 Prozent: »Mutter.« Alle Interviewten hatten also ein ungefähr gleich starkes Vertrauensverhältnis zur Mutter, unabhängig davon, ob sie erst abends nach Hause kam und sich erst dann die Sorgen und Nöte der Sprößlinge anhören konnte oder ob sie den ganzen Tag verfügbar war. Das Vertrauensverhältnis der Kinder von berufstätigen Müttern war nicht eingeschränkt! Sogar im Gegenteil! Die meisten sagten: »Meine Mutter ist immer für mich da.«[5]

In der gleichen Untersuchung wurde ebenfalls festgestellt, daß 71 Prozent der Kinder, deren Mütter sich einen intensiveren Kontakt zu ihren Kindern wünschten, den Kontakt ihrerseits als völlig ausreichend empfanden.

Der österreichische Arbeitskammertag legte bereits 1988 eine Studie mit dem Titel »Elternberufstätigkeit und Kindesentwicklung« vor, die zu dem Ergebnis kam, daß Mütter, die arbeiten, sich nicht weniger um ihre Kinder kümmern als Hausfrauen. In der Woche beschäftigen sich die berufstätigen Mütter sogar mehr mit ihren Kindern!

Die Zeitschrift Eltern kam 1993 auf die Idee, die inzwischen pubertierenden Kinder von berufstätigen Müttern darüber zu interviewen. 2 330 Kinder und Jugendliche wurden befragt. Die Ergebnisse: Die meisten der befragten Schülerinnen und Schüler sind sehr zufrieden: 76,2 Prozent der Jungen und 79,4 Prozent der Mädchen finden es gut, daß Mama berufstätig ist. Die Jugendlichen bestätigen in vielen Fällen, was wir bereits als Vorteile berufstätiger Mütter hervorgehoben haben. Sie meinen:

– Es stimmt nicht, daß wir vernachlässigt und untauglich fürs Leben sind. Im Gegenteil.
  (Gesamtschüler, 15)

– Ich finde es prima, daß meine Mama arbeiten geht, dann braucht sie kein Taschengeld von ihrem Mann. (Gymnasiast, 14)
– Meine Mutter arbeitet halbtags, sie könnte ruhig noch länger arbeiten. (Gesamtschüler, 12)

Gut finden die Kinder laut Studie folgendes:
– Die Eltern sind gleichberechtigt.
– Der Vater macht sich im Haushalt und bei der Betreuung der Kinder nützlich.
– Die Kinder werden selbstsicherer, dürfen mehr allein entscheiden.

Negativ finden die Kinder:
– Wenn sie zu lange allein sind,
– wenn sie von Personen betreut werden, die sie nicht leiden können,
– wenn der Haushalt verschlampt,
– wenn nie richtiges Essen auf den Tisch kommt.

Eine Studie der Universität Wien von 1994 an zehnjährigen Kindern kommt zu dem Ergebnis: Kinder berufstätiger Frauen sind im Alter von zehn Jahren selbständiger, selbstsicherer und hilfsbereiter als Gleichaltrige mit nicht-berufstätigen Müttern.[6]

Sandra Scarr hat zahlreiche amerikanische Studien von den 30er Jahren bis heute ausgewertet. Sie faßt ihre Ergebnisse folgendermaßen zusammen: »Es hat zahlreiche Studien gegeben über die Auswirkung der Berufstätigkeit von Müttern auf Kinder. Forschungsbeauftragte haben die Berufstätigkeit von Müttern dem kindlichen Verhalten, der schulischen Leistung und Anpassung, der inneren Haltung der Kinder, der Pubertät und Kriminalität gegenübergestellt. ... Es wurde hervorgehoben, daß die

Anwesenheit der Mutter zu Hause kein Qualitätsmerkmal der Erziehung ist. Es hat sich auch gezeigt, daß sowohl Mütter mit akademischer Ausbildung als auch Mütter aus der Arbeiterschaft auf Kosten ihrer eigenen persönlichen Aktivitäten (auch des Schlafes) Zeit mit ihren Kindern verbringen ... Es fehlt jeder Beweis für eine schädliche Auswirkung der Berufstätigkeit von Müttern.«[7]

Mütter könnten sich also in ihrer Erziehung viel wohler und sicherer fühlen, brauchten sich viel weniger Schuldgefühle zu machen, als gewisse führende »Experten« und »Theoretiker« ihnen zugestehen wollen. Lois Hoffmann stellte dazu fest, daß die meisten Forschungsarbeiten über die Auswirkungen mütterlicher Berufstätigkeit unter negativen Aspekten durchgeführt worden waren. »Keiner fragte nach dem Nutzen, den Söhne und Töchter vielleicht durch die berufstätige Mutter, ein höheres Familieneinkommen, eine weniger scharfe Rollentrennung zwischen Mutter und Vater und dem Vorbild einer kompetenten Frau in der Familie für ihr späteres Leben haben könnten.«[8]

Wenn Mütter sich vor Augen hielten, daß es kein simples Ursache-Wirkungs-Verhältnis zwischen ihrer Berufstätigkeit und der positiven Entwicklung der Psyche ihres Kindes gibt, daß die verschiedensten Kinderbetreuungsmodelle gesunde und quicklebendige, glückliche Kinder hervorbringen, würde mancher Mutter sicher vieles leichter fallen. Dann hätten zahlreiche Mütter nicht mehr das ungute Gefühl, ihre Interessen auf Kosten ihres Kindes zu verwirklichen.

Das gilt sogar für Kinderkrippen. Selbst Kindertagesstätten sind nicht schädlich, wie lange angenommen wurde. Kinderkrippen und -tagesheime haben immer noch den Geruch von ärmlich, asozial, abgeschoben; von Familien, die zu unfähig oder zu arm sind, um zu funktionieren, wo die Mutter ans Fließband muß, weil der Vater die Familie nicht allein ernähren kann. In der Krippe fände man schädliche, zu große Gruppen und zu wenig Erzieherinnen. Unsinn! Tatsache ist, daß die meisten heutigen Kinderkrippen den Bedürfnissen der Kinder durchaus gerecht werden, ja, daß viele Kinder davon profitieren, gemeinsam mit anderen Kindern den Tag zu verbringen. Sandra Scarr: »Sogar Befürchtungen, die Bindung von Säuglingen an ihre Eltern sei in Gefahr, wurden durch die Ergebnisse vieler Studien über kleine Kinder, einerseits in Krippen, andererseits zu Hause, zerstreut. Kinder in Tagesbetreuung zeigen denselben Grad von Bindung an ihre Mütter und dasselbe Maß an Sicherheit wie Kinder mit Vollzeitmüttern. Dies trifft für Kinder, die seit den ersten Wochen ihres Lebens in Tagesbetreuung waren, ebenso zu wie für Kinder, die erst mit zwei, drei Jahren in Tagesbetreuung kamen.«[9]

Die kurzzeitige Familienministerin Professor Ursula Lehr hat intensiv zu diesem Thema geforscht. Sie hat Untersuchungen an Dreijährigen durchgeführt, die angeblich für ihre gesunde Entwicklung die ständige Anwesenheit der Mutter dringend brauchten. Aufgrund ihrer gegenteiligen Forschungsergebnisse machte Frau Lehr den Vorschlag, schon für Zweijährige landesweit kindergartenähnliche Einrichtungen zur Verfügung zu stellen. Denn bereits Zweijährige sind gern mit anderen Kindern zusammen, und es bekommt ihnen gut. Ihr Vorschlag löste Entrüstungsstürme aus. Hier würde wohl mehr an die Emanzipation der Frauen und weniger an das Wohl der Kinder gedacht, wurde als Gegenargument aus der Mottenkiste gezogen, selbst von Politikerinnen(!).

Kindertagesstätten – viel besser als ihr Ruf

Margitta Strassemeier war 15 Jahre Erzieherin in einer Ganztagseinrichtung für Kinder.

Sind Kinderkrippen so schlecht wie ihr Ruf?

Ich habe 15 Jahre lang als Erzieherin in einer Kindertagesstätte und Kinderkrippe gearbeitet und bin zu dem Ergebnis gekommen, daß vieles, was Mütter darüber denken, nur Vorurteile sind. Ich habe früher auch geglaubt, die armen Kinder, die den ganzen Tag weggegeben werden. Aber so ist es nicht. Den Kindern geht es in der Regel gut in den Tageseinrichtungen. Ich habe meine Meinung über Tagesstätten mit der Zeit völlig geändert. Abgesehen davon, daß in manchen Einrichtungen durch Personalknappheit und fehlende Mittel die Erzieher überfordert sind, haben Ganztagseinrichtungen für Kinder zu Unrecht einen schlechten Ruf. Oder umgekehrt, Kindertagesstätten sind – von Ausnahmen abgesehen – viel besser als ihr Ruf. Ich meine inzwischen sogar, die Kinder haben mehr davon, als wenn sie isoliert zu Hause hocken.

Vieles sind also Vorurteile?

Ich denke, daß es gegenüber Tagesheimen zuviele Vorurteile gibt, die in der Realität nicht zutreffen. Von wegen vernachlässigt und Defizite, das sind Kopfgeburten, die woanders herrühren, aber in der Realität keine Grundlage haben. Die Kinder entwickeln sich in der Regel sehr gut. Ich sage immer, Mütter geht beruhigt und unbesorgt arbeiten, euren Kindern geht es tagsüber gut. Kinder mögen Kinder, Kinder fühlen sich wohl, wo andere Kinder sind. Und die Erzieherinnen sind ausgebildet, das sind ja keine Laien. Die haben gelernt, wie man mit Kindern umgeht, und haben, da es nicht die eigenen sind, eine größere Distanz, können mehr Ruhe bewahren.

Was ist denn besser?

Die Kinder lernen mehr, haben mehr Möglichkeiten, eine größere Auswahl. Sie erwerben Fertigkeiten. Was in einem Tagesheim allein an Ausflügen, Besichtigungen und Basteleien geboten wird, ganz abgesehen von Theater, Schwimmen, Turnen, das kann eine Mutter gar nicht leisten. Zu Hause landen die Kinder häufig, oft für Stunden vor dem Fernseher, weil die Mutter auch mal ihre Ruhe haben will. In der Tagesstätte werden sie den ganzen Tag sinnvoll beschäftigt oder beschäftigen sich selbst. Ich würde heute sagen, wenn Kinder die Eingewöhnungszeit überwunden haben, können sie viel mehr Möglichkeiten wahrnehmen als zu Hause. Was das Kind bei uns geboten bekommt, kann eine Mutter einem Kind überhaupt nicht bieten. Nehmen Sie nur die Räumlichkeiten, die meisten wohnen doch beengt.

Was ist mit dem sozialen Lernen?

Das findet in der Tageseinrichtung viel mehr statt als zu

Hause. Was alle Kinder sehr schnell lernen, ist das nötige soziale Verhalten, ohne das es in einer großen Gruppe nicht geht. Das kann man zu Hause im kleinen Kreis überhaupt nicht so erleben. Früher war das anders, als man noch viele Geschwister hatte. Aber wer hat das heute noch? In der Tagesstätte sind immer Kinder da, die sich um die anderen kümmern, die ein Kind an der Hand nehmen und mit ihm spielen wollen, die was fragen und was antworten. Das ist enorm, was Kinder bringen. Da muß man sich oft nicht mal als Erzieherin einmischen. Dann können sich die Kinder ihre Spielkameraden aussuchen. Das Kind sucht sich das Kind aus, was zu ihm paßt, oder es wird ausgesucht. Es sind ja genug Kinder da. Unter zwanzig Kindern ist immer wenigstens eins, meist mehrere, die in Frage kommen.

Gilt das für alle Altersgruppen?

Schon die allerkleinsten Kinder spielen so toll miteinander, das kann man sich gar nicht vorstellen, wenn man es nicht selbst sieht. Es entwickeln sich bei den kleinsten Kindern schon richtige Freundschaften, so intensiv, wie das zu Hause gar nicht möglich ist. Da werden sie oft schon wieder getrennt, wenn sie gerade warmgeworden sind, was ja manchmal eine ganze Weile dauert. Hier essen sie zusammen, machen zusammen Spiele, sondern sich ab und spielen miteinander. Wenn sie sehen, die Erzieherin ist gerade nicht frei für mich, wenden sie sich an ihre Freunde, und das ist doch wunderbar. Die Kinder finden das toll, die freuen sich, wenn sie sich sehen.

Das klingt sehr positiv.

Ist es auch. Ich sehe eine Kindertagesstätte als guten Ersatz für das an, was früher die Großfamilie war. In der Großfamilie hatte das Kind mehrere Bezugspersonen, mehr Kinder zur Auswahl und hing nicht so an der Mutter. Das war eine natürliche Sache: Nicht fixiert sein auf eine einzige Person, lernen, mit mehreren zurechtzukommen.

Das sind ja handfeste Vorteile.

Das sehe ich nach langer Erfahrung durchaus so. Zu Hause ist die Situation oft folgende: Es ist wenig Geld da, die Mütter müssen sparsam sein, in kleinen Wohnungen ist wenig Platz, die Mütter sind überlastet bei den Anforderungen, die heute an sie gestellt werden. Da können sich die Kinder doch gar nicht so entfalten wie bei uns. Da müssen sie auf Zehenspitzen durch die enge Wohnung schleichen, wehe es kleckert irgendwo etwas hin, wehe, es geht etwas kaputt. Mütter unter solchen Zwängen können ihr Kind gar nicht so frei aufwachsen lassen. Häufig dürfen die Kinder nichts kaputtmachen oder zerkratzen, weil kein Geld für etwas Neues da ist. Viele Kinder dürfen sich nicht mal schmutzig machen. Wir hatten Mütter, wenn die ihre Kinder abholten, sagten sie nicht: »Wie schön, dich zu sehen!«, sondern: »Wie siehst du aus!« Wir haben manchmal die Kinder vorher umgezogen und gewaschen, damit die Mutter nicht sauer wurde. Man glaubt das nicht, wo Waschen doch heute so einfach ist.

Was ist mit der unterschiedlichen sozialen Herkunft?

Das ist ein weiterer großer Vorteil: Heute sind ja die Formen des Zusammenlebens höchst unterschiedlich. Längst nicht alle Kinder leben bei ihren Eltern. Viele leben bei ihren Müttern, einige bei ihren Vätern, und es gibt auch welche, die bei den Großeltern aufwachsen. In der Nachbarschaft bekommen sie vielleicht das Gefühl, sie seien eine Ausnahme, fielen aus dem Rahmen, wenn sie nicht in der klassischen Familienkonstellation groß werden. Im Tagesheim treffen sie immer auch Kinder, die leben wie sie. Ihre Lebensform bekommt dadurch Normalität. Die Kinder können sich darüber austauschen, und ich beobachte immer wieder, sie tun es auch. Es ist eine große Erleichterung für Kinder, mit anderen Kindern aufzuwachsen, die auch nur Mama, Papa oder Oma haben. Sie erleben, daß auch andere Kinder das gleiche Schicksal haben, daß sie nicht eine Sonderrolle spielen. Durch eine Kindertagesstätte wird viel kompensiert. Die Kinder haben gleiche Bedingungen. Und durch das Erleben, daß es woanders auch so ist wie bei ihnen, fühlen sie sich weniger benachteiligt.

So gesehen nimmt die Tagesstätte den Müttern viel ab.

Ja, was beispielsweise auch gut für die Kinder ist. Im Kindergarten gibt es feste Regeln, da gibt es Frühstück, Mittagszeit, Mittagsschlaf, Händewaschen, Zähneputzen, und da funktioniert das reibungslos. Für Mütter ist es schwer, so feststehende Regeln einzuhalten. Ab einem bestimmten Alter trotzen die Kinder, diskutieren, widersetzen sich. In der Tagesstätte sind sie in den Ablauf eingegliedert, da ist das so, und es klappt.

Können Mütter ihre Kinder gut abgeben?

Die meisten Mütter haben Schuldgefühle und können sich nur sehr schwer verabschieden. Sie haben Trennungsschmerz und -ängste, die sich auf das Kind übertragen. Wenn die Mütter beim Abschied fast weinen, weinen die Kinder natürlich auch. Mütter stellen sich vor, daß ihr Kind in der Tagesstätte den ganzen Tag traurig herumhängt und auf sie wartet. Ich habe den Müttern immer angeboten: »Kommen Sie in einer Stunde noch mal vorbei, und beobachten Sie ihr Kind unbemerkt, Sie werden sehen, daß es nicht traurig ist.« Manche Mütter haben das gemacht, und danach ging es ihnen besser.

Also hängt auch vieles von den Müttern ab?

Ganz bestimmt. Ich beobachte das immer, die Mütter, die klammern, denen es schwerfällt, die Kinder bei uns zu lassen, die machen es ihren Kindern auch schwer. Die Unsicherheit der Mütter überträgt sich auf die Kinder. Die Kinder fühlen sehr wohl, ob sie voller Überzeugung oder halbherzig weggegeben werden. Das spüren wir immer ganz genau. Die Kinder, die halbherzig hergebracht werden, haben mehr Probleme, weinen öfter und haben Trennungsschmerz. Da, wo die Mütter sagen: »Hast du es gut, kannst den ganzen Tag hier sein und mit den anderen Kindern spielen«, tun sich die Kinder viel leichter. Viele Probleme sind Probleme, die die Mütter sich machen, nicht die Kinder. Wir haben sogar angeregt, daß die Kinder ab und zu eine Nacht bei uns verbrachten. Und das fanden sie toll, egal, wie klein sie noch waren. Mit allen Kindern zusammen bei uns übernachten war das Erlebnis für die Kinder.

Mütter bekommen häufig das Gefühl, es geht ihnen etwas ab.

Ja, für viele Kinder sind wir natürlich ihr Zuhause, weil sie ja die längste Zeit des Tages bei uns sind. Manche von 7 bis 17 Uhr. Wenn dann die Mutter abends kommt, ist schon viel gelaufen. Manchmal ist das bitter für die Mutter, wenn sie kommt und wird nicht mit offenen Armen empfangen. Aber da sollten die Mütter sich auch von ihrem Egoismus freimachen. Ich sage den Müttern, die dann geknickt sind: »Seid doch froh, daß das Kind so gern hier ist. Das ist doch ein Zeichen des Vertrauens, und daß es ihm hier gut gefällt. Und eine große Entlastung für euer schlechtes Gewissen.« Manche Kinder drücken mich feste, wenn sie gehen, und ich finde, darüber sollte man froh sein als Mutter. Das heißt ja nicht, daß das Kind seine Mutter weniger liebt, sondern nur, daß es auch gern da ist, wo die Mutter es nun mal den ganzen Tag lassen muß oder will. Viele Mütter glauben, es ginge ihnen etwas verloren, wenn das Kind sehr gern in die Tagesstätte kommt. Dabei hat ein Kind es doch leichter, wenn es zu anderen Menschen zusätzliche Beziehungen aufbauen kann, wenn es auch noch an andere als die Mutter ihr Herz verlieren kann.

Schadet ein gutes Erzieherin-Kind-Verhältnis einer guten Mutter-Kind-Beziehung?

Eine gute Mutter-Kind-Beziehung leidet nicht durch eine gute Erzieherin-Kind-Beziehung. Im Gegenteil, es ist dann eine Bereicherung für das Kind, zwei gute Beziehungen zu haben. Aber viele Mütter sind sehr eifersüchtig. Sie sehen mich als Konkurrenz. Mütter sollten sich mehr durchringen zu sagen, dem Kind geht es gut, und das ist die Hauptsache. Da ist noch ein ganzes Stück Aufklärungsarbeit und Arbeit der Mütter vonnöten.

Wie war es bei Ihnen? Sie waren schließlich eine berufstätige Mutter.

Bei meinen eigenen Kindern habe ich beobachtet, daß sie Verantwortung übernahmen, als sie es mußten. Ich fing morgens um sieben an, und meine Kinder mußten allein aufstehen, frühstücken und zur Schule gehen. Ich habe mich immer gesorgt, wie kriegen sie das wohl hin, hoffentlich klappt das auch, hoffentlich verschlafen sie nicht. Sie haben das wunderbar gemacht und fanden das auch gut, daß ich nicht morgens am Bett stand und sie immer wieder nötigte: »Los, aus den Federn, Kinder.« Wenn ich Urlaub hatte, fragten sie: »Mama, wann mußt du wieder arbeiten, es ist viel besser, wenn du morgens nicht da bist.« Ich habe daraus gelernt, daß man Kindern ruhig etwas zumuten kann, mehr als man als Mutter glaubt. Wenn ich zu Hause war, fühlten sie sich manchmal richtig genervt durch mein Kümmern und meine Fragen.

Also haben Ihre Kinder Ihnen auch Schuldgefühle abgenommen?

Kann man sagen. Meine Kinder fanden gut, daß es mir gutging mit meiner Arbeit. Ich arbeite gern und wollte das auch, und dann hat man natürlich ganz andere Laune. Es hat meinen Kindern gefallen, daß sie eine zufriedene Mutter hatten, die ihre Nase nicht in alle ihre Belange steckte. Meine Kinder fanden mich als berufstätige Mutter viel netter und umgänglicher als in den Jahren, wo ich zu Hause war. Und sie haben freiwillig viel geholfen. Wir hatten ganz andere Gesprächsthemen.

Was läuft heute falsch?

Es fehlt an Aufklärung für die Mütter. Keiner hat Interesse daran, Mütter zu entlasten, wenn sie ihre Kinder den ganzen Tag weggeben. Dabei finde ich immer, es ist so wichtig, daß es den Müttern gut dabei geht. Dann geht es den Kindern auch gut. Kinder können viel mehr, als Mütter ihnen zutrauen.

Sie beobachten also, daß viele Mütter glauben, daß sie im Grunde ihr Kind nicht weggeben dürften.

Zumindest muß jede aufgrund des Muttermythos Leiden in Form von Schuldgefühlen entwickeln, denn sonst ist sie, den allgemeinen Vorurteilen entsprechend, eine schlechte Mutter. Die Schuldgefühle sind gesellschaftlich produziert, sie entsprechen nicht der Lebenserfahrung. Deshalb versuchen auch viele Frauen unbewußt, ihr Kind an sich zu fesseln, weil sie sich dann leichter als gute Mutter fühlen können. Sie müssen unter der Trennung leiden, denn wenn sie offen sagen, ich kann mein Kind gut weggeben, wird angenommen, sie liebten ihr Kind nicht. Das Leiden wird erwartet und ist unbewußt ein Mittel, das schlechte Gewissen in den Griff zu bekommen.

Wolfhart (45), Versicherungskaufmann
»Ich kam mit zwei Jahren in die Kindertagesstätte«
Mein Vater ist gestorben, als ich zwei war. Meine Mutter hat mich sofort in eine Kindertagesstätte schicken müssen, weil sie arbeiten mußte. Ich wurde von 8 bis 17 Uhr fremdbetreut, und ich konnte von Anfang an den Fußweg zur Arbeitsstelle meiner Mutter allein gehen. Mit meiner braunen Butterbrottasche um den Hals – das weiß ich noch – bin ich jeden Nachmittag stolz zum Pförtner marschiert. Der rief oben an: »Der Dreikäsehoch ist da.« Zusammen mit meiner Mutter bin ich nach Hause gegangen. Meine Mutter war Sachbearbeiterin. Dadurch, daß ich jeden Tag kam, hatte ich mit sämtlichen Arbeitskollegen Kontakt. Jeder sprach mit mir, und alle fühlten sich ein bißchen für mich verantwortlich, weil ich ja noch so klein war. Ich war bei Mutters Arbeitsstelle als Bestandteil integriert. Und ich habe es als angenehm empfunden, daß jeder Interesse an mir hatte. Wir lebten in einer Großstadt, von daher wurde die Berufstätigkeit meiner Mutter – damals ja völlig ungewöhnlich – gesellschaftlich toleriert oder besser gesagt, wir lebten so anonym, daß keiner Anstoß daran nahm. Ich hatte früh eine Selbständigkeit, die Mütter ihren Kindern heute gar nicht mehr zutrauen. Meine Mutter mußte ja so »hart« sein, was blieb ihr anderes übrig. Und ich empfand es nicht als Härte. Es war irgendwie selbstverständlich für mich. Ich bin heute stolz, daß ich über die

Erziehung meiner Mutter sagen kann, ich erinnere mich nicht, den Vater vermißt zu haben.
Meine Mutter hat sich in ihrer Freizeit viel um mich gekümmert. Am Wochenende sind wir sehr oft weggefahren, sie hatte irgendwann ein Auto gekauft. Wir haben viel gemeinsam unternommen. Wir hatten regen verwandtschaftlichen Kontakt, sind oft alle zusammen in Urlaub gefahren. Wir hatten einen großen Kreis, die Arbeitskollegen kamen öfter zu Besuch. Sogar meine Lehrerin, die ich gern mochte, besuchte uns. Wir führten überhaupt kein abgekapseltes Leben.
Ich fand immer sehr schnell Anschluß, war ein kontaktfreudiges und kontaktfähiges Kind – sicherlich gefördert durch den Kindergarten. Es war alles so, daß mir der fehlende Vater – zumindest subjektiv – gar nicht auffiel.
Als ich in die Schule kam, bin ich nur noch nachmittags in die Tagesstätte gegangen. Bis ich 12 war, habe ich meine Mutter von der Arbeit abgeholt. Ab 12 hatte ich den berühmten eigenen Schlüssel um den Hals, bin allein nach Hause gegangen und habe mir das Mittagessen warm gemacht, das meine Mutter vorgekocht hatte. Anschließend habe ich dann Sachen gemacht, zu denen ich Lust hatte, Schularbeiten oder auch nicht. Oft bin ich rausgegangen. Das Leben spielt sich in dem Alter ja nicht mehr zu Hause ab.
Ich spielte gern Fußball, war ein sportliches Kind. Und häufig machte ich eben keine Schularbeiten. In der Schule war ich leicht abzulenken. Ich selbst sah mich leistungsmäßig in der Mitte, war kein ehrgeiziger, aufstrebender Typ, aber auch kein Verweigerer oder Versager. Ich würde heute sagen, ich schwamm im oberen Mittelfeld. Wenig Lust zu lernen, deshalb durchschnittliche Noten. »Für

sein Alter noch zu verspielt«, stand manchmal unterm Zeugnis und »aber sportliche Ambitionen«.

Ich bin nicht den klassischen Weg gegangen: Volksschule, Gymnasium, Abitur, sondern habe die Volksschule zu Ende gemacht und dann die höhere Handelsschule besucht. Als Spätzünder ist mir erst danach klargeworden, daß ich mehr wollte. Mit 15 fing das Erkennen an, daß man etwas tun muß, wenn man weiterkommen will.

Mit 17 habe ich richtig gemerkt, wo der Hase längs läuft. Ich hatte zwar das Gefühl, daß meine Mutter immer für mich da war, doch in der Pubertät führte das zu extremen Schwierigkeiten. Da begann eine Phase, wo ich nur noch in Ruhe gelassen werden wollte. Mein Abnabelungsprozeß war begleitet von Streitigkeiten, aber abgemildert durch die Tatsache, daß meine Mutter ja berufstätig war und sich gar nicht so intensiv auf mich konzentrieren konnte – zu der Zeit ein großer Vorteil.

Ich schloß mich bei einem Urlaub in einem Jugendcamp in Südfrankreich einer Jugendgruppe an. Da lernte ich Leute aus ganz Deutschland und aus meiner Heimatstadt kennen. Diese Clique hat sich nie wieder getrennt. Wir blieben zusammen. Die Gruppe hat mich ausgesprochen positiv beeinflußt. Die Kumpels machten mir klar, Mensch, bist ein netter Kerl, mußt nur noch in die richtige Richtung. Das hat mich charakterlich einen ganzen Schritt nach vorn gebracht. Man kann fast sagen, die haben ein Stück Erziehung übernommen. Das Entscheidende, warum ich mich heute als ein beruflich und privat erfolgreicher Mann fühle, war zum einen die Geborgenheit durch meine Mutter. Aber auch, daß ich mich in der Pubertät nicht einer Rockerclique oder irgendwelchen

Losern angeschlossen habe, sondern dieser Feriengruppe. Alles junge Leute, die gerade ihr Abitur gemacht hatten, die studierten und weiterkommen wollten. Diese Leute haben mich begleitet über meine Heirat hinaus, waren jahrelang starke Bezugspersonen. Alle waren etwas älter als ich, vier, fünf Jahre. Und die vielen Ferienlager, die wir zusammen verbrachten, verliefen immer in sehr guter Atmosphäre. Ich hatte zudem einen ganz bestimmten besonderen Freund, der war acht Jahre älter als ich. Er war Betriebswirt bei einer bekannten Firma. Dieser Freund hat mich unterstützt und beeinflußt, daß ich die Initiative entwickelt habe weiterzukommen, an mir zu arbeiten.

Mit 17 bin ich zu Hause ausgezogen. Danach flachten die extremen Positionen ab, die Konflikte lösten sich. Meine Mutter und ich konnten wieder miteinander sprechen.

Wenn ich heute die Vorteile und Nachteile der Berufstätigkeit meiner Mutter aufzählen sollte, würde ich als Vorteil nennen: Ich konnte in einem gewissen Rahmen machen, was ich wollte. Ich hatte Freunde, mit denen ich spielte und zusammen war zu Zeiten, wo man normalerweise Schularbeiten machen sollte. Gelernt habe ich nachts. Ich empfinde im nachhinein, ich hatte viel Freiraum, und das war ein riesen Vorteil, obwohl Mütter ja die Hände über dem Kopf zusammenschlagen, wenn sie das hören. Ich konnte meinen Weg selbst gehen, selbst entscheiden, keiner ist ständig um mich herumgesprungen. Für meine Entwicklung war das optimal. Ich merke auch an meinen eigenen zwei Jungen heute, Kinder brauchen Freiraum. Man muß das Wegweisen mit lockerer Hand durchziehen. Ich konnte mir die lockere Hand ja selbst genehmigen, weil meine Mutter nie da war. Der

Nachteil war: Es fehlte ein bißchen der Dirigent. Es gab keinen, der ab und zu gesagt hätte, hier geht's lang. Ich mußte meinen Weg selbst finden. Für meine Söhne bin ich heute ein Dirigent mit lockerer Hand. Letztlich hat das bei mir ja dann die Gruppe übernommen, aber das hat doch lange gedauert.

Ich bin auch mit meiner Frau einig darin, daß die Kinder schon ein Stückchen mehr begleitet werden sollten, als das bei mir der Fall war. Aber dazu genügt ein Teil des Tages. Aus meiner Erfahrung muß die Mutter nicht 24 Stunden am Tag um die Kinder kreisen – das würde die Kinder zu sehr einschränken.

Viel wichtiger finde ich, daß jede Frau einmal kennenlernen sollte, was Existenzsichern heißt: Daß man von selbstverdientem Geld existieren muß. Ich vertrete den Standpunkt, daß eine Frau, zumindest eine Zeitlang, auch mal richtig arbeiten gegangen sein sollte, Berufserfahrung gesammelt haben sollte. An meiner Entwicklung habe ich gesehen, es muß überhaupt nicht die Mutter sein, die einen prägt. Die Mutter muß natürlich einfühlsam sein und einem das Gefühl vermitteln, daß sie für einen da ist und ihr Kind liebt. Damit man sich aus positiver Gefühlslage heraus auf den richtigen Weg begeben kann. Aber in der Pubertät kommt ja automatisch das Verlangen nach anderen Bezugspersonen. Und da kommt es darauf an, in die richtige Gruppe zu geraten.

Selma, 31, Versicherungskauffrau, eine Tochter
»Ich war stolz, daß ich eine Mutter mit einem Beruf hatte«

Meine Mutter hat in ihrem Beruf – sie ist Lehrerin – pausiert, bis ich in den Kindergarten kam. Da war ich drei.

Mein Vater ist selbständig, und so lief der Vormittag bei uns ab: Mutter stand um halb sieben auf, machte sich fertig, stellte uns Frühstück hin und ging aus dem Haus. Wir wurden später wach. Da mein Vater nie vor zehn Uhr in sein Büro mußte und mich auf dem Weg dorthin im Kindergarten abgab, konnte ich meist ausschlafen. Mein Vater zog mich an, und dann haben wir gemütlich gefrühstückt. Mittags konnte meine Mutter mich abholen.
Solange ich klein war, hat sie abends Hefte korrigiert und Stunden vorbereitet. Aber als ich größer wurde, hat sie dann auch nachmittags die Tür zu ihrem Arbeitszimmer zugemacht und gesagt, sie möchte die nächsten zwei Stunden nicht gestört werden. Daran habe ich mich früh gewöhnt.
Ich kann mich an keine gravierenden Entbehrungen in meiner Kindheit erinnern. Und was ich für mich als Erwachsene gelernt habe: Es läßt sich sehr gut vereinbaren, ein Kind zu haben und berufstätig zu sein. Diese Unsicherheit, ich bin eine schlechte Mutter, wenn ich arbeiten gehe, hatte ich nie. Ich habe auch keine Schuldgefühle, daß ich meine eigene Tochter zu einer Tagesmutter gebe.
Ich hatte, als ich schwanger war, ständig diese Diskussion mit meiner Schwiegermutter. Sie war ihr Leben lang Hausfrau und rieb mir ständig unter die Nase, wie ihr Sohn, mein Mann, glücklich gewesen sei, daß sie ihn mittags mit warmem Essen empfangen hätte. Und daß die Kinder berufstätiger Mütter vernachlässigt, unglücklich und benachteiligt seien, weil sich niemand um sie kümmere. Aus mir ist doch auch etwas geworden, und was mich auf die Palme bringt, ist dieser Ausschließlichkeitsanspruch. Als hinge die Entwicklung des Kindes von den

mit der Mutter verbrachten Stunden ab. Es ist doch inzwischen eine Binsenweisheit, daß es auf die Qualität der Beziehung ankommt. Aber Gott sei Dank habe ich ja das Vorbild meiner Mutter, die zwar ihre Zeit für ihren Beruf brauchte, aber mir deshalb nie das Gefühl gab, ich sei weniger wichtig oder meine Probleme interessierten nicht. Gut, sie konnte vielleicht nicht immer sofort mit mir sprechen, sondern sagte manchmal: »Laß uns heute abend drüber reden.« Aber wichtig ist doch, daß sie mit mir geredet hat.

In dem Zusammenhang fällt mir auch ein, daß die Nachbarn immer sehr komisch reagiert haben. Wir lebten in einer Kleinstadt in einer bürgerlichen Gegend in einem Reihenhaus. Und meine Mutter kümmerte sich längst nicht so um die Gartenpflege, wie es die anderen Frauen taten. So sah unser Garten immer ein bißchen verwildert aus, unordentlich. Doch statt Unkraut zu zupfen, setzte sich meine Mutter bei schönem Wetter in den Garten und las oder arbeitete. Da wurde uns einmal zugetragen, daß eine Nachbarin zu einem Besucher, der meine Eltern nicht antraf, gesagt hatte: »Bei denen sieht es drinnen so aus wie draußen. Das liegt daran, daß die Frau berufstätig ist.«

Was mir manchmal zum Nachteil gereichte, war, daß ich in der Schule gute Arbeiten schrieb, was häufig vorkam. Dann wurde hinter vorgehaltener Hand gesagt: »Die Mutter ist ja auch Lehrerin.« Als ob meine Mutter nichts anderes im Kopf gehabt hätte, als pausenlos mit mir zu üben. Meine Mutter war übrigens nie meine Lehrerin. Als ich dann etwas größer war, war ich mächtig stolz, daß es meine Mutter war, die unterrichtete.

Es kam nicht immer hin, daß wir gleichzeitig nach Hause

konnten, und wenn ich eher Schulschluß hatte, mußte ich dann immer hinten in der Klasse sitzen, wo meine Mutter unterrichtete, und das fand ich todschick. Ich war stolz drauf, eine berufstätige Mama zu haben. Ich kann mich erinnern, daß ich auch sehr stolz war, wenn ich gefragt wurde, was Vater und Mutter von Beruf sind, daß ich sagen konnte: »Meine Mama ist Lehrerin.«
Was mir auch gut gefiel, meine Mutter fing ja erst an, einzukaufen und zu kochen, wenn die Schule aus war. Wir fuhren mit dem Fahrrad, und im Lebensmittelgeschäft durfte ich mir immer aussuchen, was ich essen wollte.
Als ich in der sechsten Klasse war, zogen wir um, und meine Mutter bekam eine Stelle, wo sie eine Stunde lang mit dem Bus fahren mußte. Da war sie natürlich länger weg und auch entsprechend gestreßt, wenn sie nach Hause kam. Da ging es für uns los, daß wir bestimmte Pflichten mitübernehmen mußten. Das fanden wir damals natürlich mistig, und wenn wir den Mülleimer runterbringen oder den Hund spazierenführen mußten, haben wir gemeckert: »Warum macht unsere Mutter das nicht?« Ich mußte sogar, als meine Mutter mich alt genug dafür fand, meine Blusen selbst bügeln oder mit knitterigen rumlaufen. Auch die Vaterfrage: »Ist denn mein Hemd gebügelt?« gab es bei uns nicht. Das machte mein Vater selbst. Oder wenn er Glück hatte, machte es die Putzfrau.
Und da sahen wir dann bei anderen Kindern, daß die Mütter alles machten. Heute, wo ich selbst Mutter bin, denke ich, wie unverschämt, Müttern den letzten Scheiß aufzubrummen. Heute beurteile ich es durchaus positiv, daß wir auch mit ranmußten.
Bevor meine Mutter ihre Stelle bekam, hatte sie ein Jahr keine Arbeit. Und da haben wir gemerkt, wie schön das

war, als meine Mutter eigenes Geld hatte. Als sie dieses eine Jahr pausierte, teilte ihr mein Vater das Geld zu, das haben wir als höchst unangenehm empfunden.
Mir geht es heute mit meinem Mann auch so. Wenn ich jedes Kleid, jeden Pulli für unsere Tochter rechtfertigen müßte, ich bekäme zuviel. Ich finde, daß es meiner Partnerschaft guttut, daß ich eigenes Geld habe. Ich möchte nicht alles rechtfertigen.
Und wenn ich mir einen Mantel für 500 Mark kaufe, möchte ich nicht diskutieren, daß es doch auch schöne für 200 Mark gibt.
Es wird einem ja sogar heute noch immer wieder suggeriert, daß man keine heile Familie sei, wenn die Mutter arbeiten geht. Meine Tagesmutter sagt mir jedesmal, daß es für sie völlig indiskutabel wäre, nicht rund um die Uhr für ihre Söhne dazusein. Die stellt ihnen die Butterbrote hin, die sammelt deren Wäsche ein, die putzt ihnen die Schuhe. Daß die sich deswegen besser entwickeln als meine Tochter, wage ich zu bezweifeln.
Ich habe das Pech, einen Mann zu haben, dem die Mama alles gemacht hat. Und der läßt heute selbstverständlich die stinkigen Socken rumliegen, die gebrauchten Taschentücher, der läßt seine Hose im Flur fallen und liegen, er macht die Schränke nicht zu, und ich rege mich tierisch darüber auf, daß er nichts macht. Das ist unser häufigster Streitpunkt. Eines Tages war ich so sauer, da habe ich ihm die Mandarinenschalen, einschließlich angegammelter Wurstpelle und dreckigen Socken, in die Sakkotasche gesteckt. Das hat er erst in der Firma gemerkt. Allerdings ohne Zeugen, und deshalb hat er herzlich drüber gelacht.
Ich denke, das kommt dabei heraus, wenn Mütter alles

für ihre Kinder machen. Und das finde ich keinesfalls erstrebenswert.

Andere Länder und Zahlen

In anderen Ländern wird es Müttern einfacher gemacht, einem Beruf nachzugehen. Selbst in den sogenannten kinderlieben Ländern, in denen die Mutterschaft hochgehalten wird, wie in Italien, Israel und der Türkei, gibt es selbstverständlich Ganztagseinrichtungen für Kinder, für die sich der Staat verpflichtet fühlt – sogar in Italien und der Türkei, obwohl dort die meisten Mütter nicht berufstätig sind, sondern ihren Aufgabenbereich zu Hause haben. Das liegt zum einen sicherlich daran, daß der Muttermythos – perfektioniert im Nazideutschland – in keinem anderen Land auf der ganzen Welt derart auf die Spitze getrieben wird wie bei uns. Zum anderen auch daran, daß außer in Amerika keine Gesellschaft derart auf Leistung basiert und auch das Kind hier wie ein ehrgeizig betriebenes Projekt behandelt wird. Ein dritter Grund ist das Kinderbild eines Landes. In anderen Ländern ist die Erkenntnis, daß Kinder Kinder brauchen, stärker präsent. Und deshalb empfindet man es nicht als »Abschieben«, wenn man in entsprechenden Einrichtungen Kinder mit Kindern zusammen groß werden läßt.

»Der europäische Vergleich fällt für die französischen Frauen besonders gut aus. Im Gegensatz zu ihren Geschlechtsgenossinnen aus anderen Ländern bleiben sie meist ohne längere Babypause berufstätig. Das liegt daran, daß sich der Staat dort mehr für die Kinder verantwortlich fühlt ... und die Frauen ermutigt, Kinder zu bekommen. Er bietet mehr Betreuungsmöglichkeiten an

und achtet darauf, daß die Arbeitgeber Mütter nicht benachteiligen.«[1]
Mehr als 90 Prozent aller drei- bis sechsjährigen Kinder in Frankreich besuchen eine ganztägige Vorschuleinrichtung, und Eltern steht ein großes Angebot von Beaufsichtigungsmöglichkeiten außerhalb der Schulzeit zur Auswahl. Kosten für externe Betreuung können von der Steuer abgesetzt werden. Der deutsche Tagesthemenmoderator Ulrich Wickert, der lange Jahre als Korrespondent mit Frau und Kind in Paris gelebt hat, äußerte nach seiner Rückkehr nach Deutschland kopfschüttelndes Befremden über die Sitte, Kinder ausschließlich der Verantwortung der Mütter zu überlassen. »Rückständig« fand er das. In Schweden ist die mütterliche Berufstätigkeit schon lange akzeptiert. Berufstätige Mütter werden von der Gesellschaft mitgetragen, und ganztägige Kinderbetreuung gehört selbstverständlich dazu.
Auch die Belgier sind nicht derart vernagelt wie die Deutschen. Dort kommen Babys in die Krippe, später in einen Ganztagskindergarten, und die Schule geht anschließend täglich bis 16 Uhr. 80 Prozent der französischen Mütter arbeiten. Die Stern-Kolumnistin Paula Almquist, die lange in Belgien gelebt und ihre Kinder dort problemlos untergebracht hat, fragte einst verzweifelt, warum die Deutschen es den Müttern derart schwermachen.
Und während wir von flächendeckenden Ganztagsschulen nur träumen können, gehen sogar in dem als kinderlieb bekannten Land Italien die geschätzten Kleinen ganztags zur Schule.
Ebenfalls in der genauso kinderlieben Türkei mit ihrem Großfamiliensystem, wo, wenn nicht Mutter, dann Oma, Schwester oder Tante die Kinder beaufsichtigen könn-

ten, werden die Kinder in den zahlreichen Privatschulen – 25 Prozent der Schüler besuchen eine weiterführende Privatschule – ganztags zur Schule geschickt.
In Skandinavien und Israel erhalten bereits ca. 75 Prozent aller Säuglinge und Kleinkinder eine von der Regierung subventionierte Betreuung, während die Mütter arbeiten. Alle diese Länder haben sich einer nationalen Kinderbetreuungspolitik verpflichtet. Nicht zuletzt, weil man erkannt hat, daß Kinder eine wichtige Investition für die Zukunft sind und es verdient haben, daß auch die Gesellschaft sich um sie kümmert.
Nur in Deutschland und den USA sind wir von einer ausreichenden Kinderbetreuung weit entfernt. Mütter werden nicht vom Staat unterstützt, sondern müssen sich gegen öffentliche Propaganda durchsetzen und »trotzdem« arbeiten. In den USA gehen 70 Prozent der Mütter, in Deutschland 50 Prozent einer Erwerbstätigkeit nach. 1940 arbeiteten in den USA 8,6 Prozent der Mütter mit Kindern. 1950 veränderte sich das nicht wesentlich. In den frühen 60er Jahren waren es dann schon ein Drittel, 1970 42 Prozent, 1980 57 Prozent und 1990 weit über 60 Prozent.
1970 arbeiteten in Amerika 32 Prozent aller Mütter mit Kindern unter fünf Jahren. 1980 waren es fast die Hälfte, und 1990 standen 60 Prozent der Mütter mit Babys in einem Beschäftigungsverhältnis. Obwohl in den meisten Köpfen festsitzt, Kinder und eine steile Karriere sind unvereinbar, kommt eine Vergleichsstudie der Universität Kalifornien in Los Angeles unter 400 beruflich erfolgreichen Frauen zu dem Ergebnis: Die durchschnittliche Managerin von heute ist verheiratet, 44 Jahre alt, Mutter. Noch vor zehn Jahren haben auch in Amerika die meisten

Frauen wegen der Karriere auf Familie verzichtet. Nur 40 Prozent waren verheiratet und hatten Kinder. Inzwischen sind 60 Prozent der Frauen in Führungspositionen verheiratet, 57 Prozent haben eins oder mehrere Kinder. Auch in Deutschland sind inzwischen 52,6 Prozent aller Frauen erwerbstätig. In den alten Bundesländern sind es 43 Prozent der knapp 6,9 Millionen Frauen mit Kindern unter 18 Jahren. In den neuen Ländern macht die traditionelle Familie – Vater Ernährer, Mutter Hausfrau – nur etwa 20 Prozent aus. Ein Drittel der vier Millionen nicht schulpflichtiger Kinder hat eine berufstätige Mutter oder anders ausgedrückt: Eine Million erwerbstätiger Frauen hat Kinder im Vorschulalter. Davon arbeiten 35 Prozent Teilzeit, 40 Prozent Vollzeit. Selbst die »glückliche Landfamilie« ist heute eine Pendlerfamilie, wo auch die Mutter mobil ist. Jede zweite Mutter auf dem Lande ist erwerbstätig.[2] Die Hälfte dieser Frauen hat zwei bis drei Kinder. Trotz dieser Fakten ist Deutschland, verglichen mit anderen Ländern, was eine ausreichende Kinderbetreuung angeht, hoffnungslos rückständig. Und die öffentlichen Mittel in diesem Bereich werden mehr und mehr gekürzt. In der Praxis werden Frauen bereits wieder aus dem Berufsleben herausgedrängt. Dazu paßt, daß sich die neue Familienministerin Claudia Nolte für die gesellschaftliche Aufwertung der Hausfrau stark machen will. Der Platz in der Küche und bei den Kindern soll ihr wieder schmackhaft gemacht werden. Sicherlich nicht zum Besten der Kinder.

Auswirkungen kinderfeindlicher Politik

»Ob eine Frau berufstätig ist, halte ich für völlig unwichtig. Wichtig ist, daß die Mutter sich auf das Kind freut.« *Bruno Bettelheim*

Bettina Sat Hari Kaur-Stülpnagel ist Geburtsvor- und -nachbereiterin. Sie betreut Frauen bis lange nach der Geburt ihres Babys.

Sie haben ständig mit Schwangeren und jungen Müttern zu tun. Kennen Sie Frauen, die keine Skrupel haben, trotz Baby wieder arbeiten zu gehen?

Ich kenne keine. Alle Mütter, die wieder berufstätig werden wollen, auch die, deren Kinder schon etwas größer sind, machen sich Schuldgefühle. Das ist ein ständiger Zwiespalt für Mütter, und er beginnt schon in der Schwangerschaft. Schwangeren wird in Ratgebern, Elternfachzeitschriften und der Werbung suggeriert, sie seien »normal« und funktionierten »richtig«, wenn sie zufrieden damit sind, ständig zu Hause zu sein, es allen gemütlich zu machen, leckere Speisen zu kochen, das Kinderzimmer nett und behaglich einzurichten, dem Kindlein abends ein Bad zu machen und ihm Geschichten zu erzählen. Das führt bei manchen Frauen in der Schwangerschaft schon zu Ängsten, ob sie das schaffen werden, und zu Unsicherheiten, ob sie das Kind wirklich haben wollen. Vor allem, wenn sie sicher sind, daß sie ihren Beruf nicht aufgeben wollen.

Wirkt sich der Muttermythos auch darauf aus, ob eine Frau überhaupt Kinder haben will?

Meine These ist, daß die Unerfüllbarkeit der Ansprüche des Muttermythos bei jungen Frauen dazu führt, daß sie sich fragen, was ist mir wichtiger, Kind oder Beruf? Es hat bei uns mit dazu geführt, daß Frauen/Paare sich gegen Kinder entscheiden. Gerade die jüngere Generation, für die eine Berufsausbildung selbstverständlich ist, überlegt sich, schaffe ich beides? Oder ist mir meine Karriere wichtiger? Weil unausgesprochen klar ist, bleibe ich nicht bei meinem Kind zu Hause, kann ich ihm nicht das geben, was es braucht. Vor allem glauben Frauen, daß Mütter, die zu Hause bleiben, ihrem Kind permanent die Aufmerksamkeit und Fürsorge bieten, die es angeblich für seine gesunde Entwicklung benötigt.

In einer bestimmten Schicht junger Frauen ist Mutterschaft völlig »out«. Verstehen Sie das?

Ich las in der Frauentaz vom 8. 3. 1994 einen Artikel, der mir deutlich gemacht hat, wie sehr Muttersein bei einer bestimmten Schicht junger Frauen »out« ist. In dem Artikel »Frauenempfang – saurer Sekt und warme Worte« von Greta Eck heißt es: »Die Gastrednerin forderte den Senat auf, Frauenförderung umzusetzen, auch finanziell zu unterstützen ... Sie wurde von den 700 Frauen im Saal belohnt ... Doch auch diese Rednerin ließ die typische

Gewerkschaftseinstellung durchschimmern, die noch immer Frau mit Familie assoziiert, als sie Kinderbetreuungsmöglichkeiten in Betrieben forderte, flexible Arbeitszeiten für Frauen oder nahe an der Wohnung gelegene Arbeitsmöglichkeiten. Es scheint, daß die Gewerkschaft frauenpolitisch immer noch in den 50er Jahren steckt.« Unglaublich, nicht wahr? Das macht doch mehr als deutlich, wie wenig Mutterschaft selbst bei den Frauen angesehen ist. Aber woher sollen sie ihr Selbstbewußtsein auch bekommen? Für viele Frauen ist es überlebenswichtig, wieder in den Beruf zu gehen, wegen ihres Selbstwertgefühls, weil in unserer Gesellschaft reine Mutterschaft nicht akzeptiert ist, obwohl sie gefordert wird. Kinder werden als Luxus betrachtet. Wenn heute eine Frau ein Kind bekommt, hat sie das auf jeden Fall selbst gewollt, sie hätte es ja auch verhindern können. Es ist sozusagen ihre eigene Schuld, daß sie Kinder hat. Sie darf nie klagen, denn sie hätte sich ja keine anschaffen müssen. In jedem Beruf darf man äußern, ich habe keine Lust mehr, es wird mir zuviel, ich mag nicht mehr, ich bin unzufrieden. Mütter dürfen das nicht.

Hat die berufstätige Mutter vielleicht auch Vorstellungen, die der Realität nicht entsprechen?

Ja. Beispielsweise wissen wir längst, daß es nicht stimmt, daß berufstätige Frauen sich weniger um ihre Kinder kümmern als Vollzeitmütter. Daß – im Gegenteil – die berufstätige Mutter sich nach der Arbeit intensiv ihrem Kind widmet. Und daß es diese Qualität ist, die wichtig für das Kind ist. Trotzdem ist es nicht aus den Köpfen zu bekommen, daß berufstätige Mütter, verglichen mit Müttern, die den ganzen Tag zu Hause sind, ihre Kinder vernachlässigen. Die berufstätige Mutter glaubt an das Bild der sich den ganzen Tag um die Kinder kümmernden Vollzeitmutter und fühlt sich mit diesem Bild im Kopf natürlich als Rabenmutter.

50 Prozent aller Mütter belassen es bei einem Kind – auch eine Folge dessen, daß Phantasie und Wirklichkeit der Mutterschaft derart auseinanderklaffen?

Mit Sicherheit. Nehmen Sie den Muttermythos, den Mythos glückliche Familie und die Forderung, das Kind muß das intelligenteste, fröhlichste, ausgeglichenste und stabilste Kind werden – welche Frau kann das erfüllen? Bereits nach dem ersten Kind wird Müttern, die bis dahin vielleicht noch geglaubt haben, sie könnten das alles schaffen, klar, daß sie heillos überfordert sind. Daß sie den Bildern überhaupt nicht entsprechen. Und es ist klar, mit einem Kind bekommt man den Beruf gerade noch hin. Mit zweien aber auf keinen Fall. Das wollen sich viele Mütter einfach nicht antun.

Verständlich ...

...ja, es ist nicht mehr normal, daß nur die Mutter in den ersten Jahren für das Kind – immer öfter nur ein einziges – zuständig ist. Das macht beide verrückt. Die Mütter werden auf Dauer unzufrieden, und Kinder entwickeln eine ungesunde ausschließliche Bindung an die Mutter, was die Kinder noch unzufriedener macht. Die Katze beißt sich in den Schwanz. Gäbe es genügend Versorgungseinrichtungen und würde Müttern gesagt, es ist völlig in Ordnung, daß ihr berufstätig bleibt, würden sicher wieder mehr Kinder geboren.

Für mich stimmt das. Könnte ich mir das finanziell leisten, zwei Kinder gut betreuen zu lassen, hätte ich gern noch ein weiteres Kind bekommen ...

... und Sie sind kein Einzelfall. In der Nachsorge sagen mir viele Mütter, könnte man als Mutter lockerer und zufriedener sein, wären die Erwartungen nicht so schrecklich hoch, würden Mütter stärker entlastet, hätten sie gern noch ein zweites oder drittes Kind. Aber unter diesen gesellschaftlichen Bedingungen lassen sie es lieber.

Sie sagen, wie Mutterschaft hier abläuft, ist nicht normal. Warum?

Die Frau sitzt heute in dieser merkwürdigen Klein- oder auch Kernfamilie und hat keinerlei Unterstützung. Sobald das erste Kind da ist, hängt sie am Stadtrand in ihrem Reihenhaus oder Hochhaus fest, oft isoliert und ohne Ansprechpartner. Daß zwei erwachsene Menschen sich über Jahre ausschließlich als Bezugsperson haben, ist schon nicht gesund. Die Mutter aber ist auch noch permanent damit beschäftigt, sich auf die Ebene des Säuglings und später des Kleinkindes zu begeben und das als ihre alleinige Aufgabe zu sehen. Oftmals verarmen darüber die gesamten sozialen Kontakte. Die Mütter werden aggressiv, ihre Kreativität bleibt auf der Strecke. Jeden Tag aufs neue müssen sie überlegen, was sie nun mit diesem Kleinkind anfangen. Und da das eine sehr einseitige Kiste ist, bleiben Mütter mit ihren persönlichen Beziehungen und Ansprüchen völlig unbefriedigt.

Einzelarbeit ist ja schon im Berufsleben schwierig.

Richtig, nicht umsonst ist man in der Industrie längst zu Teamarbeit übergegangen. Mütter dagegen erziehen allein vor sich hin, ständig das Ideal eines perfekten Kindes vor Augen. Sie haben dabei selten Austausch, sitzen allein in ihrer Wohnung mit diesem kleinen Kind vor sich, das viele Ansprüche hat, dauernd unterhalten werden möchte. Mütter müssen permanent von sich, von ihren Bedürfnissen, ihren Wünschen absehen, um die Ansprüche des Kindes zu erfüllen. Dabei wird erwartet, daß sie freundlich sind, daß sie ein einladendes, sympathisches Wesen haben, ihre Attraktivität nicht verlieren. Spaß daran sollen sie auch noch haben – ein Wahnsinn ist das. Das machen Mütter dann meist eine Zeit mit, und irgendwann platzt ihnen der Kragen. Nicht umsonst strömen immer mehr zurück in den Beruf.

Und wie ist das für das Kind?

Für das Kind ist das alleinige Zusammensein mit einer Mutter genausowenig förderlich, weil die – häufig unzufriedene – Mutter dem Kind eine ziemlich einengende Welt bietet, eine eingeengte, unterschwellig oft aggressive Welt. Für die Vollzeitmutter ist das Kind wie ein Projekt. Das Gelingen des Kindes ist ihre einzige Daseinsberechtigung, und deshalb wird es intensiv umsorgt. Ein Projekt, wenn man es ernst nimmt, macht man natürlich hundertprozentig. Das heißt, die Mutter baut ihr eigenes Leben um dieses Projekt Kind. All ihr Tun, ihre Gedanken kreisen um ihr Projekt, und das Kind kann sich kaum daraus bewegen. Es lernt weniger, sich selbst zu erfahren, sich zu behaupten, es wird sich kaum mal in Gefahr begeben können, mal abgetrennt von der Mutter sein. Ich beobachte bei vielen Kindern ein Überbehütetsein. Das führt dazu, daß diese Kinder irgendwann nur noch mit ihrer Mutter zusammensein wollen. Sie werden ängstlich und abweisend anderen Personen gegenüber. Es fällt den Kindern irgendwann schwer, sich auf andere einzulassen. Sie fremdeln. Dieses berühmte Fremdeln hat sicherlich auch damit zu tun, wie eng das Kind ständig mit der Mutter zusammen ist.

Sie sagen, das Gelingen des Kindes ist die einzige Daseinsberechtigung für Mütter?

Ja, um ein bißchen Achtung und Geltung zu bekommen und nicht ganz als dumme Kuh dazustehen, geht die Mutter unheimlich auf die Bedürfnisse des Kindes ein und versucht, aus dem Kind ein Kunstobjekt zu machen. Und das muß gelingen. Die Daseinsberechtigung von Vollzeitmüttern ist, daß das Kind etwas wird. Daß es das beste, tollste, intelligenteste, leistungsfähigste und fröhlichste Kind wird. Und das Fatale ist, daß Kinder sich natürlich meist überhaupt nicht so entwickeln, wie die Mutter sich das vorstellt. Das kann zu einem totalen Zusammenbruch führen.

In der karriere- und berufsorientierten Leistungsgesellschaft dieser Industrienation zählt allein der Erfolg.

Ja, und das färbt natürlich auf die Mütter ab, die es leisten müssen, perfekte Kinder heranzuzüchten. Wehe der Mutter, wenn sich das Kind nicht wunschgemäß entwickelt und funktioniert, wenn das Kind lebensuntüchtig oder gar verhaltensauffällig wird. Es geht ja schon in der Schule los. Bei schlechten Noten wird augenblicklich mit dem Finger auf die Mutter gezeigt. Sie wird als Versagerin tituliert. Bei Elternabenden sieht man häufig, wie Mütter unter dem Druck stehen, ihre Leistungen durch das in der Schule gute Kind hervorzuheben, indem sie betonen, wie gut seine Zensuren sind, wie fleißig das Kind zu Hause ist. Es scheint so, als sei es die Leistung der Mutter, die in der Schule gefordert und belohnt wird.

Und wenn die Mutter einen Beruf hat, wird erst recht mit dem Finger auf sie gezeigt.

Ja, die berufstätige Mutter sieht ihre ausschließliche Daseinsberechtigung nicht im Kind. Sie hat Lob und Anerkennung auch in anderen Bereichen. Sie hat in der Regel nicht so wahnsinnig hohe Ansprüche an ihr Kind, was dem Kind seine Entwicklung erleichtert. Das muß mal sehr deutlich gesagt werden. Trotzdem wird alles, was schiefläuft, ihrer Berufstätigkeit angekreidet.

Wie sieht das in anderen Ländern aus?

Ich bin oft in Amerika und Afrika, wo die Kinder ganz anders behandelt werden. Auch Mittelstandsfrauen müssen dort oft mitarbeiten, und Kinder sind häufig nicht mal in Kinderhorten. Die laufen so mit und sind mit fünf, sechs Jahren stundenweise sich selbst überlassen. Es gibt zwar überfüllte Kindergärten und Horte, aber da ziehen es viele Frauen eben vor, die Kinder zu Hause zu halten oder, wenn sie selbständig sind, mit ins Geschäft zu nehmen. Die Kinder sind dort oft gezwungen, sich mit sich selbst zu beschäftigen. Ich will nicht behaupten, daß das die ideale Lösung ist. Aber es zeigt doch, so wie bei uns ist es keineswegs das Alleinseligmachende. Weder passiert diesen Kindern mehr, noch entwickeln sie sich schlechter. Und sie lernen früh, sich mit sich selbst zu beschäftigen. Während Kinder hier häufig dasitzen und erwarten, daß die Eltern mit ihnen spielen, weil sie sich sonst langweilen und nichts mit sich anfangen können. Kinder hier erwarten ja häufig ein regelrechtes Entertainment von ihren Müttern.

Die Frage ist ja auch, was man in einem Kind sieht. Ist es ein »Gast, der nach dem Weg fragt?«, wie Jirina Prokop es formulierte, oder eine formlose Knetmasse, aus der Mütter erst mal etwas machen müssen?

Man weiß heute, daß Kinder ihre eigenen Probleme mit auf die Welt bringen. Müttern aber wird weisgemacht, sie hätten es in der Hand, was aus ihren Kindern wird. Tatsächlich tragen ja nicht nur Mütter, sondern auch Väter, Geschwister, Freunde, Großeltern, Erzieher, das Klima in der Familie, wie die Eltern sich verstehen und nicht zuletzt der Charakter des Kindes selbst dazu bei, was aus ihm wird. Und es grenzt an Vermessenheit zu glauben, eine einzige Person könne das alles in der Hand haben. Außerdem wird ein Kind sicher viel mehr befähigt für den Lebenskampf, wenn es früh lernt, daß nicht alles immer nur behüten, betütteln und fördern ist. Ein Kind, das ständig beobachtet und behütet wird, keinen Streß kennt, wird auch nie die Disziplin erlangen, tote Punkte, Langeweile, problematische Situationen, die ja zum Leben dazugehören, zu bewältigen. Es wird bequem, dick, ängstlich, passiv und faul und wird sich von hinten bis vorne bedienen lassen. Wird lebenslang das »Hotel Mama« einfordern, wie wir das vielfach beobachten können.

Man sieht ja an Schlüsselkindern, daß durchaus etwas aus ihnen wird.

Selbstverständlich! Überall in der Welt wird Kindern mehr zugemutet und zugetraut als hier bei uns. Es ist speziell ein deutsches Problem, wie hier mit Müttern und Kindern umgegangen wird. Perfekt. Mit Hitler waren wir bis ins letzte gründlich, mit der Kleinfamilie sind wir top, und auch mit dieser neuen Mütterlichkeit, mit der Mutterschaftsideologie sind wir einsame Spitze. Auch da darf niemand aus der Reihe tanzen. Wenn jemand aus der Reihe tanzt, wird Zeter und Mordio geschrieen. Typisch deutsch.

Sven, 29, Fußballspieler
»Ich war ein Schlüsselkind«

Meine Mutter mußte von heute auf morgen arbeiten, weil meine Eltern sich ziemlich plötzlich scheiden ließen. Da war ich acht. Bis dahin ist meine Mutter Hausfrau und Mutter gewesen. Sie hatte früh geheiratet und deshalb keinen Beruf gelernt. Mein Bruder ist fünf Jahre jünger, meine Schwester zwei Jahre älter als ich. Meine Mutter war zu stolz, Geld von ihrem Ex-Mann für sich zu nehmen. Sie hat gesagt, er soll für die Kinder zahlen, für mich sorge ich selber.

Mein Bruder wurde ganztags in den Kindergarten gesteckt, ich war ja in der Schule und ging nur für Schularbeiten und Essen drei Stunden in ein Tagesheim. Später ging ich gleich nach Hause. Meine Mutter kochte abends vor. Meine Schwester dachte natürlich nicht daran, in die Mutterrolle zu schlüpfen. Die hatte nur ihre eigenen Interessen im Kopf. Sie schmiß den Schulranzen in die Ecke und weg war sie, bei Freundinnen oder zu irgendwelchen Sportveranstaltungen. Meine Schwester habe ich nach der Schule selten zu Hause gesehen.

Ich hatte es immer sehr schön gefunden, wenn ich nach Hause kam, und meine Mutter war da und fragte, was los ist, was wir so gemacht haben. Und wenn sie mir dann das Essen hinstellte. Das war so schön bequem, sich bemuttern zu lassen und einen Ansprechpartner zu haben. Weil ich das von uns dreien am meisten schätzte, fiel mir die Umstellung am schwersten.

Das Leben wurde also härter für mich. In der Tagesstätte mußte man sich an Zeiten und Pläne halten, sich unterordnen. Man konnte nicht machen, was man wollte. Im nachhinein würde ich sagen, das war auch ganz gut so. Aber im Moment ist das für ein Kind lästig.

Dadurch, daß meine Mutter nichts gelernt hatte, hatte sie natürlich auch keinen dollen Job. Sie ist in die Fabrik gegangen, und deshalb denke ich manchmal, es hat ihr vielleicht nicht so großen Spaß gemacht. Beklagt hat sie sich nie. Aber wenn sie nach Hause kam, war sie oft recht abgespannt. Trotzdem hat sie jeden Tag noch mal den Schub entwickelt, für uns dazusein. Erst, wenn wir dann alle dran waren mit Sorgen, mit Reden, mit Problemen, dann fiel sie völlig fertig ins Bett. Insofern sind wir emotional nicht zu kurz gekommen. Ich war der von uns Kindern, der sich am meisten verantwortlich gefühlt hat, daß die Wohnung kein Saustall war, wenn sie wiederkam.

Ich habe gespült, staubgesaugt, auch mal die Betten gemacht oder die Waschmaschine angeworfen. Ich war früh sehr selbständig, und das bin ich bis heute geblieben.
Ich hatte meinen Freundeskreis und bin meist nachmittags auf die Straße Fußball spielen gegangen. Ich war nie darauf gekommen, im Verein Fußball zu spielen. Ein Kollege hat mich dann in seinen Verein mitgenommen, und da bin ich so gut eingeschlagen, daß mich alle bekniet haben, bei ihnen mitzumachen. Und so kam ich in die Jugendmannschaft. So ein Mannschaftssport formt natürlich auch. Ich bin Berufsfußballspieler geworden. Ich bin früh zu Hause ausgezogen. Nicht, weil es mir nicht mehr gefiel, ich wollte mal allein leben. Was ich ja nun auch gut konnte. Ich war mit 18 sicher schon reif und selbständig genug, um allein im Leben meinen Mann zu stehen. Das hat mir nichts ausgemacht, und ich wundere mich über den Trend, daß viele Jugendliche gar nicht zu Hause ausziehen wollen. Aber für mich war das Zuhause ja nie Hotel.
Wenn meine Frau sagen würde, ich möchte gern wieder voll arbeiten gehen, würde ich ihr keine Steine in den Weg legen. Wenn sie meint, daß sie sich auf diese Weise entfalten muß, soll sie das tun. Wir haben einen sehr lebhaften Sohn, und ich denke, daß es für sie gut ist, wenn sie mal etwas anderes um die Ohren hat. Unser Sohn ist drei, und noch geht meine Frau nur teilzeit arbeiten.
Was mich und meine Geschwister angeht, keiner von uns ist unter die Räder gekommen. Es hieß ja immer, wo die Mutter nicht den ganzen Tag im Hause ist, verwahrlosen die Kinder. Völliger Quatsch. Im Gegenteil. Dadurch, daß meine Mutter gearbeitet hat, haben wir uns jeder auf seine Weise gut entwickeln können und Verantwortung

tragen gelernt. Wir haben einen netten Kontakt miteinander, keiner ist eine verkrachte Existenz.
Ich selbst helfe viel im Haushalt mit, dadurch, daß ich keine festen Arbeitszeiten und relativ viel Freizeit habe. Ich betreue oft unseren Sohn. Ich sehe, was zu machen ist, weil ich da ja früh reingewachsen bin und keine Mami hatte, die mir alles hinterhergeräumt hätte. Viele Frauen beklagen sich im Bekanntenkreis: Mein Mann sieht den Dreck nicht, der sieht nicht, was wegzuräumen ist, und und und... Ich bin ganz fit im Haushalt, deswegen bekommen wir keinen Streit, und meine Frau muß auch nicht die Mama für mich sein. Manchmal bin ich meiner Frau schon zu pingelig. Dann sagt sie, du hast doch gestern erst gesaugt, so dreckig kann es gar nicht sein, daß du schon wieder saugen mußt.

Lisa, Friseuse, 29, ein Sohn
»Wenn ich Probleme hatte, ging ich zu Oma«
Wir waren zwei Mädchen. Später kam noch ein Bruder, ein Nachkömmling. Meine Mutter hat immer teilzeit gearbeitet, als ich etwa fünf Jahre alt war voll. Meine Mutter ging gern arbeiten. Sie wollte nie den Kontakt zu ihrem Beruf verlieren.
Das war bei uns kein Problem, weil meine Oma alles für uns getan hat. Sie hat bei uns gewohnt. Andererseits war mein Verhältnis zu meinem Vater nicht gut. Ich war das Mamakind, meine Schwester war das Papakind. Aber ich hatte meine Oma in der Hinterhand, wenn ich mit meinem Vater Streit hatte, was oft vorkam. Mein Vater hätte mir die Mutter niemals ersetzen können. Er machte Schichtarbeit und war manchmal zu Hause, wenn Mutter arbeiten war.

Ich hatte zu meiner Oma ein sehr enges Verhältnis. Sie war wie eine zweite Mutter für mich, so daß ich im Grunde zwei Mütter hatte. Und da sie bei uns gewohnt hat, war sie ja auch immer da.
Wenn ich nachts Bauchweh hatte oder schlecht geträumt habe, bin ich immer zu Oma ins Bett. Bei meiner Mutter lag ja mein Vater, und da lag dann auch meine Schwester. Die dackelte mit ihrem Kissen über der Schulter zu meinen Eltern rein, und ich bin dann lieber zu Oma rüber.
Oma war ein sehr mütterlicher Typ. Sie hat das Essen gekocht, Plätzchen gebacken, gehäkelt, gestrickt. Vom Kopf her war sie jung geblieben und sehr fit. Bis sie gestorben ist, war sie geistig voll auf der Höhe. Sogar, als wir mit 13, 14 anfingen zu rauchen, konnten wir zu ihr reingehen. Wenn ich fragte: »Oma, kann ich Schularbeiten hier bei dir machen? Kann ich auch eine rauchen dabei?«, hat sie immer gesagt: »Ja komm nur rein.« Ich konnte ihr auch erzählen, wenn ich mal 'nen Jungen toll fand, sie war sehr aufgeschlossen. Durch Oma hatte ich immer einen Ansprechpartner.
Trotzdem war es etwas anderes als mit meiner Mutter. Ich habe mich gefreut, wenn sie dann endlich von der Arbeit kam. Sie kam immer so gegen fünf Uhr. Gerade, wenn man in die Pubertät kommt, ist doch die Mutter wichtig. Wenn sie nach Hause kam, hatte sie auf jeden Fall Zeit für mich. Ich konnte mit allem zu ihr kommen. Besonders vermißt habe ich sie immer, wenn Streitereien mit meiner Schwester und meinem Vater waren: Weil meine Schwester dann in Papas Arme lief, und ich hatte erst nach 17 Uhr meine Mutter. Mein Vater hat übrigens, auch wenn er früh zu Hause war, gar nichts im Haushalt gemacht.

Meine Mutter ist in erster Linie für sich arbeiten gegangen. Nicht weil sie aus finanziellen Gründen gemußt hätte. Sie wollte rauskommen, abschalten, was anderes machen als immer nur Haushalt. Sie war auch ehrgeizig. Als ich zehn war, hat sie noch mal umgelernt, von der Blumenverkäuferin zur Datentypistin. In Rechnungsprüfung hat sie sich ausbilden lassen. So etwas fiel ihr leicht.
Meine Mutter ist immer eine selbständige Frau gewesen, die wußte, was sie wollte. Sie war nicht nur berufstätig, sie konnte auch selbst tapezieren. Kleine Reparaturen in der Wohnung hat meine Mutter gemacht, sie war der Mann im Haus. Meinem Vater war eher sein Fernseher wichtig. Und daß er sich um nichts kümmern mußte.
Ich würde sagen, meine Mutter war mir ein gutes Vorbild. Sie war immer eine starke Persönlichkeit, die ohne Wenn und Aber und sogar mit ihren Kindern so selbständig war, daß sie alles allein regeln konnte. Meine Eltern haben sich später scheiden lassen. Da war meine Mutter bereits wieder voll berufstätig, und so war das für sie nicht so ein großer Bruch. Und auch für mich war das kein Einschnitt.
Meine Mutter brauchte keinen Mann für Behörden, keinen Mann zum Geldverdienen oder für Handwerksarbeiten im Haus. Das hat mein Bild vom Frausein auf jeden Fall positiv geprägt. Meine Mutter konnte ohne äußere Zwänge und Not entscheiden, und das ist natürlich eine tolle Situation. Daher war sie selten niedergeschlagen oder depressiv oder gar unzufrieden. Sie ist immer eine fröhlich zupackende Frau gewesen. In ein Loch ist die nicht so leicht gefallen.
Daß meine Mutter Schuldgefühle gehabt hätte, weil sie

arbeiten ging, hat sie nie gesagt. Bei meinem Bruder, Oma war bereits tot, da glaube ich schon eher, daß sie sich Gedanken machte. Weil der eine Weile ein Schlüsselkind war und früh in die Kinderkrippe kam. Ich glaube, da hat sie sich schon Schuldgefühle gemacht. Sein Vater, der zweite Mann meiner Mutter, hatte einen Job von sechs bis vierzehn Uhr. Er hat den Jungen dann abgeholt, so daß er praktisch nur vormittags betreut werden mußte, nie ganztags.

Aber auch mein Bruder – er ist inzwischen 18 – hat sich prima entwickelt. Das hat ihm wohl nichts ausgemacht, daß er ein paar Stunden am Tag sich selbst überlassen war beziehungsweise fremdbetreut wurde. Er war früh sehr vernünftig, trotz Schlüssel um den Hals oder gerade deswegen. Und heute sagt meine Mutter manchmal, sie würde es wieder so machen.

Im Beruf hatte sie viele Erfolgserlebnisse, und ich denke, daß ich meine Einstellung zum Job von ihr habe. Ich habe trotz Kind meine Verbindung zu meinem Beruf erhalten. Ich bin Friseuse und arbeite bei einem bekannten Nobelcoiffeur, der richtungsweisend ist und Trends vorgibt. Entsprechend bin ich gefordert, auch fortbildungsmäßig. Ich schneide nicht nur Haare, sondern nehme an Präsentationen teil. Ich will den Kontakt zum Beruf auf keinen Fall verlieren. Ich habe mir, als mein Sohn geboren wurde – vielleicht unbewußt, weil ich meine Mutter vor Augen hatte –, gleich für einmal die Woche einen Babysitter besorgt. Damit ich sofort einen Tag im Salon sein konnte. Das habe ich, je älter mein Sohn wurde, weiter ausgebaut.

Das Sample Institut stellte im Auftrag der Zeitschrift Focus (Nr. 33/94) in einer Studie über Geburtenrückgang und den Untergang der Familie fest: Ob der Kinderwunsch in deutschen Familien Wirklichkeit wird, hängt in erster Linie von den Betreuungsmöglichkeiten ab, die bereitgestellt werden. 72 Prozent der Deutschen glauben, daß das Thema Kinderbetreuung die höchste Hürde überhaupt sei, ein Kind oder gar mehr als ein Kind in die Welt zu setzen. Eltern, vor allem Frauen, erhoffen dringend Rechtsanspruch auf einen Kindergartenplatz. 600 000 Kindergartenplätze fehlen bei uns! Die Chance, einen zu bekommen, ist sehr gering geworden.
Aber ich glaube, nicht zuletzt aus persönlicher Erfahrung, daß mehr Frauen wieder bereit wären, Kinder zu bekommen, wenn sowohl vom moralischen Anspruch her als auch von der Organisation her sichergestellt wäre, daß sie nach einer kurzen Babypause wieder ihrem Beruf nachgehen könnten. Frauen, die eine qualifizierte Ausbildung hinter sich und einen Beruf erlernt haben, der ihnen Spaß macht, wollen einfach nicht mehr für Jahre nur zu Hause bleiben. Und das ohne Aussicht, danach wieder eingestellt zu werden, weil die schnellebige Entwicklung sie längt überholt hat oder sie sich zu alt für einen neuen Einstieg fühlen. Viele Mütter wären schon mit einem Teilzeitarbeitsplatz zufrieden. Und es gibt auch immer mehr Väter, die zugunsten der Familie eine halbe Stelle annehmen würden. In diesem Bereich haben Industrie, Politik und Gewerkschaften bisher völlig versagt. Die Familienpolitik geht an den realen Bedürfnissen vorbei. Verständlich, daß da viele Frauen sagen: Ein Kind? Nein danke! Inzwischen wächst jedes dritte Kind ohne Geschwister auf. 56 Prozent der jungen Paare wollen

zwar mehrere Kinder, aber nur 26 Prozent bekommen dann später zwei. Der Rest entscheidet sich nach der Erfahrung, wie das Leben mit einem Kind sich hierzulande gestaltet, gegen ein zweites. Jeder dritte Haushalt ist ein Singlehaushalt ohne Kinder. In Großstädten und in Nordrhein-Westfalen sind die Einpersonenhaushalte sogar auf über 50 Prozent der Gesamthaushalte angestiegen.

Auch Ex-Familienministerin Hannelore Rönsch beklagte: »Die Vereinbarkeit von Familie und Beruf scheitert an der Sturheit von Arbeitgebern und Gewerkschaften.«[1] Es müßte sich endlich in den Köpfen durchsetzen, daß eine unzufriedene Vollzeitmutter genausowenig förderlich für ein entspanntes Familienklima ist wie eine Mutter, die arbeiten muß, obwohl sie lieber zu Hause bliebe. Und aus der Selbstverständlichkeit heraus, daß man Müttern zugesteht, selbst zu wählen, ob sie berufstätig sein wollen – die meisten wollen es zur Zeit –, müßte der Anspruch auf einen Kindergarten- oder Hortplatz abgeleitet werden. Ich behaupte, durch Ganztagsschulen oder wenigstens eine Mittagsbetreuung in den Schulen, durch Kindergärten mit vernünftigen Öffnungszeiten, könnte man Frauen eher bewegen, Kinder zu bekommen, als mit einmaligen finanziellen Zuschüssen und unrealistischen Werbekampagnen. Die Sample-Studie bestätigt es: Frauen sind nicht durch ein einmaliges Almosen und lächerliche Plakataktionen, wie schön das Leben mit Kindern sei, dazu zu bewegen, wieder in Haus und Küche zu verschwinden und die Alleinversorgung für den Nachwuchs zu übernehmen.

Doch es ist im Moment gesellschaftlich nicht erwünscht, daß Mütter arbeiten. Die Rückkehr in den Beruf wird immer schwieriger, weil die Arbeitsplätze knapper werden. Die Wirtschaftslage ist flau, und es wird eher hinter vorgehaltener Hand darüber diskutiert, ob Frauen ihre Arbeitsplätze nicht für Männer räumen sollten. Frauen müssen im Moment sogar aufpassen, daß ihnen bereits bewilligte und erkämpfte Rechte nicht wieder weggenommen werden. So titelte die Frauenzeitschrift Brigitte unlängst »Schlechte Zeiten für Frauen«. Die Autorin Monika Held zieht Bilanz: »Immer mehr Männer machen Front gegen die lästige weibliche Konkurrenz – im Beruf, im Alltag und in der Politik.« Und sie warnt: »Es geht wieder rückwärts Frauen, paßt auf.«[2]

In solchen Zeiten wird stets das angebliche Wohl der Kinder aus der Mottenkiste geholt. Und in Amerika wird es schon praktiziert: Daß Mütter wieder zu Hause bleiben, gilt bei Mittelschichten als »in«, als neuer Trend. Und berufstätigen Müttern wird wieder ein schlechtes Gewissen gemacht, indem auf die Kinder gezeigt und gesagt wird: Sie brauchen ihre Mutter. Deshalb ist es wichtig, sich vor Augen zu halten:

– Für eine gesunde physische und psychische Entwicklung braucht das Kind eine oder eine überschaubar große Zahl von vertrauensvollen und zuverlässigen Bezugspersonen. Das muß nicht die Mutter sein. Wenn es einen Teil des Tages die berufstätige, zufriedene Mutter ist und einige Stunden eine liebevolle Tagesmutter, Nachbarin, Oma oder Tante, ist das in Ordnung. Das gilt auch für Säuglinge.
– Viel wichtiger, als den ganzen Tag die leibliche Mutter um sich zu haben, ist für die Entwicklung des Kindes, daß es mit anderen Kindern zusammenkommt. Kinder erziehen sich gegenseitig. Kinder lernen voneinander,

und in der Kindergruppe läßt sich soziales Verhalten viel leichter lernen als allein mit der Mutter zu Hause. Eine Kinderkrippe oder ein Kinderhort mit engagierten, einfühlsamen Erzieherinnen bietet beste Bedingungen für die Entwicklung von Kindern. Dort kann zusätzlich vieles, was in Familien schiefläuft, ausgeglichen werden.

- Die Bezugsperson(en), die das Kind hat, müssen nicht ständig zur Verfügung stehen. Bei größeren Kindern reicht das Wissen, es ist am Nachmittag oder Abend jemand da, dem ich mich anvertrauen kann und der mich akzeptiert, so wie ich bin.
- Wichtig ist es nicht, wie lange und wie häufig die Mutter mit ihrem Kind zusammen ist, sondern ob sie sich auf ihr Kind freut, ob sie gern mit ihm zusammen ist.
- Mütter sind nicht für alles verantwortlich. Die Mutter, gleich ob sie berufstätig ist oder nicht, bietet nur einige von sehr vielen Bedingungen, die die Entwicklung des Kindes beeinflussen. Väter sind mindestens genauso wichtig für ihre Kinder, und ebenso ist es das weitere Umfeld. Aber vergessen Sie bei all dem nicht: Die Erbanlagen, mit denen ein Kind geboren wird, sind ausschlaggebend für seinen Lebensweg. Familiäre und soziale Bedingungen sind wichtige, aber nur nachgeordnete Einflüsse.
- Wichtig für Kinder berufstätiger Mütter ist, daß die Zeit ohne Mutter vernünftig geregelt ist.
- Vollzeitmütter, die lieber berufstätig wären, schaffen häufig ein ungesundes Familienklima. Oft binden sie ihre Kinder überstark an sich. Ihre Bedürfnisse, die ja nicht wirklich unterdrückt sind, suchen sich andere Wege und können sich in unterschwelligem Groll auf

Mann und Kinder oder auch in ständigem offenem Klagen über die unbefriedigende Situation ihren Weg bahnen. Das ist allerdings belastend, nicht nur für die gesunde Entwicklung der Kinder.

– Berufstätige Mütter sind ihren Kindern gegenüber im allgemeinen positiver eingestellt als Vollzeitmütter. Sie fühlen sich weniger isoliert und beschreiben ihre Situation als weniger eintönig und beengend. Sie sind mit ihrem Leben zufriedener. Die Folge: Kinder berufstätiger Mütter sind leistungsfähiger, offener und selbstbewußter als Kinder von Vollzeitmüttern.

Nachdem ich mir die ganzen Ergebnisse erarbeitet hatte, muß ich sagen, daß mein eigenes Gewissen meiner Tochter gegenüber sehr entlastet war. Wie ich eingangs schrieb, gehörte auch ich zu den Müttern, die ständig unter schlechtem Gewissen litten. Ob ich nun eine mehrtägige Dienstreise machte, meine Tochter abends zwei Stunden länger bei der Tagesmutter ließ oder abends noch ein Babysitter kam, immer hatte ich Schuldgefühle. Denn auch ich war diesen ganz falschen Parolen vom Wohl des Kindes aufgesessen. Meine Tochter, die das natürlich gemerkt hat, hat mein schlechtes Gewissen weidlich ausgenutzt.

Inzwischen mache ich mir kein schlechtes Gewissen mehr. Ich lasse sie auch mal beim Babysitter, wenn ich ins Kino gehen will. Ich sorge dafür, daß ihr Vater viel mit ihr unternimmt. Immer achte ich darauf, daß sie soviel wie möglich mit anderen Kindern zusammen ist, und sie entwickelt sich prächtig.

Neulich beklagte sich meine Freundin bei ihrer zehnjährigen Tochter darüber, wie undankbar diese sei. Und sie zählte auf, welche Opfer sie ihr gebracht habe. Als sie sagte: »Ich habe meinen Beruf für dich aufgegeben«, antwortete ihre Tochter: »Mami, das hättest du nicht tun sollen. Ich finde Mütter, die einen Beruf haben, viel besser als Mütter, die den ganzen Tag zu Hause hocken.«

Wichtige Adressen

Arbeitsämter, Industrie- und Handelskammern und Frauenbeauftragte der Städte informieren Berufsrückkehrerinnen (siehe örtliches Telefonbuch).

Berufsfortbildungswerk, Gemeinnützige Bildungseinrichtung des DGB GmbH, Schimmelbuschstraße 55, 40699 Erkrath, Tel. 02104/499-0

Bundesinstitut für Berufsbildung, Fehrbelliner Platz 3, 10707 Berlin, Tel. 030/8643-0

Bundeskonferenz für Erziehungsberatung e. V., Herrnstraße 53, 90763 Fürth, Tel. 0911/977140

Bundesministerium für Familie, Senioren, Frauen und Jugend, Rochusstraße 8–10, 53123 Bonn, Tel. 0228/930-0

DAG, Hauptabteilung Weibliche Angestellte, Johannes-Brahms-Platz 1, 20355 Hamburg, Tel. 040/34915448

Deutscher Frauenrat, Bundesvereinigung Deutscher Frauenverbände und Frauengruppen gemischter Verbände e. V., Simrockstraße 5, 53113 Bonn, Tel. 0228/223008/9/0

Deutscher Hausfrauenbund e. V., Berufsverband der Hausfrau, Coburger Straße 19, 53113 Bonn, Tel. 0228/237718

Deutscher Kinderschutzbund e. V., Schiffgraben 29, 30159 Hannover, Tel. 0511/30485-0

Deutscher Verband Berufstätiger Frauen e. V., Am Hulsberg 76, 28205 Bremen, Tel. 0421/4985241

IETE – Intakte Elternschaft trotz Trennung/Scheidung, Germersheimer Straße 26, 81541 München, Tel. 089/496411

Institut der Deutschen Wirtschaft, Gustav-Heinemann-Ufer 84, 50667 Köln, Tel. 0221/3708-01

Interessenverband Unterhalt und Familienrecht, Postfach 210107, 90119 Nürnberg, Tel. 0911/550478

Netzwerk Selbsthilfe e. V. im Mehringhof, Gneisenaustraße 2a, 10961 Berlin, Tel. 030/6913072

Bundesverband alleinerziehender Mütter und Väter, Beethovenallee 7, 53173 Bonn, Tel. 0228/352995

Verein zur beruflichen Förderung von Frauen, Varrentrappstraße 47, 60486 Frankfurt, Tel. 069/773616

Zusammenwirken im Familienkonflikt – Arbeitsgemeinschaft e. V., Wilhelmsaue 133, 10175 Berlin, Tel. 030/8610195

Österreich:

Mütterberatung Salzburg-Stadt
Anton-Neumayr-Platz – A-5020 Salzburg

Eltern-Kind-Zentrum Neualm
Sikorastraße 20 a – A-5400 Neualm

Österreichischer Arbeiterkammertag
Prinz-Eugen-Straße 20-22 – A-1040 Wien

Schweiz:

Bund Schweizerischer Frauenorganisationen
Altikofenstraße 182 – Postfach 101
CH-3048 Worblaufen

Verband alleinerziehender Mütter und Väter
Postfach – CH-8708 Männerdorf

Zentralsekretariat Pro Juventute, Abt. Kinderbetreuung
Postfach – CH-8022 Zürich

Tagesmütter-Verein Zürich
Gartenhofstraße 9 – CH-8004 Zürich

Anmerkungen

Auch ich hatte Schuldgefühle

1 Prof. Dr. Peter Erath, *Wieviel Mutter braucht ein Kind?*, Genf/München 1994, S. 44
2 Erath, a.a.O., S. 45
3 Erath, a.a.O., S. 50
4 Erath, a.a.O., S. 43

Die gute Mutter – eine Erfindung unserer Zeit

1 Sandra Scarr, *Wenn Mütter arbeiten*, München 1988, S. 52
2 Elisabeth Badinter, *Die Mutterliebe*, München 1981, S. 297
3 Erath, a.a.O., S. 37
4 Erath, a.a.O., S. 38
5 ebd.
6 Erath, a.a.O., S. 41
7 Elisabeth Beck-Gernsheim, *Mutterwerden – der Sprung in ein anderes Leben*, Frankfurt am Main 1989, S. 116
8 Beck-Gernsheim, a.a.O., S. 118
9 Beck-Gernsheim, a.a.O., S. 119

Die biologische Mutter-Kind-Bindung, ein Mythos

1 Badinter, a.a.O., S. 297

Der Muttermythos und noch mehr Mythen

1 Claudia Bepko/Jo-Ann Krestan, *Das Superfrauen-Syndrom*, Frankfurt am Main 1990, S. 17

2 Bepko/Krestan, a.a.O., S. 18
3 Bepko/Krestan, a.a.O., S. 18
4 Bepko/Krestan, a.a.O., S. 23
5 Jean Liedloff, *Auf der Suche nach dem verlorenen Glück*, München 1982, S. 68
6 Erath, a.a.O., S. 109
7 Frédérick Leboyer, *Wege des Lichtes*, Hamburg 1984, S. 279

Babys, ein Thema für sich

1 Scarr, a.a.O., S. 139

Kinder sind robust

1 Scarr, a.a.O., S. 75
2 Erath, a.a.O., S. 56
3 Badinter, a.a.O., S. 297
4 Badinter, a.a.O., S. 297
5 *Brigitte* 4/90, S. 168
6 *Brigitte* 4/90, S. 169
7 *Brigitte* 4/90, S. 169
8 Erath, a.a.O., S. 57
9 Erath, a.a.O., S. 56
10 Ute Ehrhardt/Wilhelm Johnen, *Frauen steigen wieder ein*, München 1991, S. 120
11 Scarr, a.a.O., S. 138

Europas Mütter wollen berufstätig sein

1 Jürgen Borchert, *Renten vor dem Absturz*, Frankfurt am Main 1993, S. 98
2 *Hamburger Morgenpost* vom 7. 5. 1994, S. 5
3 Roswitha Burgard, *Wie Frauen verrückt gemacht werden*, München 1993, S. 65
4 Burgard, a.a.O., S. 66
5 Beck-Gernsheim, *Vom Geburtenrückgang zur neuen Mütterlichkeit*, Frankfurt am Main 1981, S. 171

Prima Kinder von berufstätigen Müttern

1 *Brigitte* 16/94, S. 92
2 *Brigitte* 16/94, S. 92
3 *Brigitte* 16/94, S. 92
4 *Hamburger Abendblatt* vom 22. 5. 1994
5 *Hamburger Abendblatt* vom 22. 5. 1994
6 *Vital* 6/94, S. 68
7 Scarr, a.a.O., S. 14
8 Scarr, a.a.O., S. 32
9 Scarr, a.a.O., S. 28

Kindertagesstätten – viel besser als ihr Ruf

1 Erath a.a.O., S. 114
2 Suse Weidenbach-Janositz, *Die berufstätige Mutter*, München 1990, S. 17

Auswirkungen kinderfeindlicher Politik

1 *Focus* 33/94, S. 43
2 *Brigitte* 17/94 S. 176

Literatur zum Thema

Elisabeth Badinter, *Die Mutterliebe*, München 1981

Elisabeth Beck-Gernsheim, *Vom Geburtenrückgang zur neuen Mütterlichkeit?*, Frankfurt am Main 1981

Elisabeth Beck-Gernsheim, *Mutterwerden – der Sprung in ein anderes Leben*, Frankfurt am Main 1989

Claudia Bepko/Jo-Ann Krestan, *Das Superfrauen-Syndrom*, Frankfurt am Main 1990

Roswitha Burgard, *Wie Frauen verrückt gemacht werden*, München 1993

Ute Ehrhardt/Wilhelm Johnen, *Frauen steigen wieder ein*, München, 1991

Peter Erath, *Wieviel Mutter braucht ein Kind?*, Genf/München 1994

Sandra Scarr, *Wenn Mütter arbeiten*, München 1988

Suse Weidenbach-Janositz, *Die berufstätige Mutter*, München 1990

Harriet Rubin

Machiavelli für Frauen

Strategie und Taktik im Kampf der Geschlechter

Aus dem Amerikanischen von Susanne Dahmann

Band 14683

Harriet Rubins Buch, das sofort nach Erscheinen die Bestsellerlisten stürmte, wendet sich an alle Frauen, die sich nicht länger von Vorgesetzten, Liebhabern, Eltern oder wem auch immer vom Erreichen ihrer eigenen Wünsche und Ziele abhalten lassen wollen. Rubin überträgt Machiavellis »Ratschläge an einen Fürsten« auf die heutige Lebenssituation von Frauen und entwickelt daraus eine kühne Strategie, die die Taktiken der Liebe mit denen des Krieges vereint. Ihre Erfolgsstrategien, die so unterschiedliche Leserinnen wie die Kabarettistin und Entertainerin Lisa Fitz, die Bischöfin Maria Jespen oder die Frankfurter Oberbürgermeisterin Petra Roth begeistert haben, lassen keine Leserin kalt.

Fischer Taschenbuch Verlag

fi 1739 / 1